Pascual Serrano

EL PERIODISMO ES NOTICIA

TENDENCIAS SOBRE COMUNICACIÓN EN EL SIGLO XXI

Icaria ❦ Antrazyt
ANÁLISIS CONTEMPORÁNEO

Diseño de la cubierta: Adriana Fàbregas
Imagen de la cubierta: Icaria

© Pascual Serrano

© De esta edición
    Icaria editorial, s. a.
    Arc de Sant Cristòfol, 11-23
    08003 Barcelona
    www. icariaeditorial. com

Primera edición: marzo 2010

ISBN: 978-84-9888-205-6
Depósito legal: B-12.485-2010

Fotocomposición: Text Gràfic
Impreso en Romanyà/Valls, s. a.
Verdaguer, 1, Capellades (Barcelona)

ÍNDICE

INTRODUCCIÓN

Algunas veces los ritmos frenéticos de los acontecimientos nos impiden reflexionar con serenidad sobre lo que está sucediendo. Es necesario parar, echar la vista atrás para ver el camino recorrido y también adelante para intentar vislumbrar hacia dónde nos estamos dejando llevar. Es lo que está sucediendo con el periodismo, las nuevas tecnologías y los hábitos de uso que se están implantando en la sociedad. El formato trepidante de las noticias aleja de nosotros cualquier intento de un análisis amplio en el que incorporar unos mínimos valores y principios éticos.

Este libro pretende ser un alto en el camino, ese momento en el que el viajero para a beber agua, se sienta en la orilla de la senda y comienza a pensar lo que ha dejado atrás, hacia dónde va, por qué se dirige allí y si de verdad quiere ir en esa dirección. Si no hacemos esto regularmente estaremos simplemente caminando por el sendero previamente diseñado por otros. La mayoría de los asuntos que se abordan en este libro han podido afectar a la gran mayoría de los probables lectores, sin embargo, la mayoría de ellos no se detuvieron a analizarlos. Esta obra pretende obligarnos a parar un instante y pensar sobre diversas cuestiones relacionadas con los medios de comunicación pero que, casualmente, no suelen ser abordadas por esos mismos medios.

Entre los asuntos que abordamos aquí encontraremos un análisis de la crisis económica que incluye el papel de los medios de comunicación, que no sólo han sido meros notarios de los acontecimientos. También debemos descifrar de qué forma el periodismo condiciona la política y la transforma en función de sus intereses. Hace ocho años se presentaron los denominados Observatorios de medios con el objetivo de que la ciudadanía pudiese supervisar la calidad de la información que recibía, es hora de hacer balance de esa situación.

La llegada de internet no sólo ha revolucionado la forma de operar del periodismo, sino también la de organizarnos y movilizarnos. Esta misma red ha permitido una eclosión del periodismo alternativo que debe convivir y crear sinergias con los movimientos sociales. De todo ello trata este libro.

Existen antiguos debates que hay que retomar al hilo de la coyuntura actual. Nos referimos al referente a la objetividad y el compromiso del periodista; y al de medios públicos/medios privados. Se trata de dos cuestiones que, como decíamos al principio, han sido esculpidas en el imaginario actual por el modelo de pensamiento dominante que ha logrado estigmatizar el compromiso del profesional para ensalzar una objetividad que no existe. Al mismo tiempo, ha acuñado privado como independiente y público como partidista. Se trata de prejuicios que debemos revisar.

Por último, una mirada a la región que en estos momentos levanta más esperanzas y lidera el mayor debate en torno a los medios de comunicación y el periodismo: América Latina, y en especial los países de la Alianza Bolivariana de las Américas.

Ojalá este libro nos ayude a seleccionar los caminos a tomar y a no dejarnos llevar nunca por la inercia de quien avanza a fuerza de empujones sin saber hacia dónde.

Sólo me resta agradecer la ayuda y ánimos de quienes atendieron con paciencia mis consultas y dudas o me echaron una mano en la revisión del texto, en especial a Caty que con diligencia y competencia vigila y pule cada palabra de este libro.

I. LA CRISIS EN LOS MEDIOS, LOS MEDIOS EN CRISIS*

Todos los expertos coinciden en el origen financiero de la crisis que sacude la economía mundial, y en especial en los países desarrollados. Los especialistas también han escrutado muchos otros elementos: el agroalimentario, las instituciones internacionales, el sector inmobiliario, los sistemas de comercio internacional, los paraísos fiscales… Sin embargo, no parece que existan analistas que se hayan parado a pensar el papel que han jugado los medios de comunicación, primero en la gestación y después en el tratamiento informativo de la crisis. Y menos todavía el de las empresas de comunicación como elementos del sistema económico y productivo.

Los grandes medios de comunicación que forman parte de la macroestructura económica y financiera mundial no son un compartimento estanco ni un sector de producción independiente. No debemos olvidar que sus accionistas, directa o indirectamente, son empresas de telecomunicaciones, grupos bancarios, aseguradoras o constructoras. Es decir, sectores muy íntimamente relacionados con la responsabilidad de la crisis económica. Los medios de comunicación vieron dispararse,

---

*Capítulo basado en un artículo del mismo título publicado en la revista *Utopías*, invierno de 2009.

por ejemplo, sus ingresos en publicidad durante el boom de las telecomunicaciones o el de la construcción.

La confusión y desinformación sembradas por los medios en torno a la crisis financiera han sido impresionantes: nos dijeron que la economía estaba en crisis debido al alto precio del petróleo, que encarecía la mayoría de la producción, y dos meses después, la crisis era porque este había bajado su precio a la mitad. Contaban que la economía iba bien cuando el precio de la vivienda estaba a un nivel que ningún joven podía acceder a ella, y sin embargo, se contabilizaban tres millones de casas vacías en España. Incluso nos hacían felices diciéndonos que quienes teníamos vivienda éramos ricos debido a la subida de los precios, pero lo que pasaba en realidad era que nuestros hijos no podían comprarse una. Nos inquietaban con el peligro de que explotara la burbuja inmobiliaria, lo cual provocaría la caída de los precios, a pesar de que esa habría sido la única forma de que algunos pudiesen comprar una casa. Durante toda nuestra vida pensábamos que un signo de mala situación económica era que subieran los precios de los productos esenciales, pero dicen que con la crisis bajarán y eso es todavía peor. Hace diez años recomendaban que contratásemos un plan de pensiones privado porque el sistema público no estaría en condiciones de garantizar el pago de nuestra jubilación, y resulta que ha sido el sistema público el que ha tenido que rescatar al privado de la bancarrota. Estos son algunos ejemplos curiosos de los patrones desinformativos a los que nos han sometido cuando trataban la crisis económica.

Pocos meses antes de que se desplomaran las finanzas estadounidenses y europeas, el 5 de abril de 2008, los medios pregonaban titulares como este del diario *El País:* «BBVA y el riesgo venezolano». Con él se hacían eco de que el banco español «BBVA acaba de advertir sobre la situación venezolana en el capítulo de riesgos del informe anual presentado ante la Comisión del Mercado de Valores de Estados Unidos». Seis meses después, los gobiernos estadounidenses y europeos dedicaban sus fondos públicos a salvar la banca privada mientras que el venezolano se podía permitir conceder 236,7 millones de dólares para 1.547 proyectos socioproductivos comunitarios.

La revista *Fortune* eligió, durante seis años consecutivos, a la estadounidense Enron como la «empresa más innovadora». Se trataba del fruto de las actividades de *lobbying* político y mediático de una empresa que terminó con un escándalo de fraude, el despido de 5.600 personas y la evaporación de 68.000 millones en su capitalización.[1]

> Enron fue alabada por la prensa de negocios como un modelo de audacia y «modernidad», de «gobierno de empresa» capaz de operar de la mejor manera en el mercado desregulado de los productos derivados [...]. Los mejores ensayistas y editorialistas —no sólo en la prensa estadounidense— también miraban con ojo de enamorado a esta firma de Houston que sabía reconocer su talento de escritores a buen precio y, llegado el caso, invitarlos a elucubrar razonamientos muy lucrativos sobre el estado del mundo.[2]

Vale la pena destacar que los medios manejan la información financiera en estrecha relación con las empresas de *rating*, las entidades que se dedican a poner notas sobre el riesgo de impagos a empresas, instituciones financieras, gobiernos y administraciones públicas. La paradoja es que son los propios calificados quienes pagan a los calificadores cuantiosas sumas por esa calificación.

---

1. Ramonet, Ignacio (2009), *La catástrofe perfecta*. Icaria, Barcelona, pp. 61 y 62.
2. Halimi, Sergi (2002), «Enron, symbole d'un monde». *Le Monde Diplomatique* (edición francesa). Marzo, http://www.monde-diplomatique.fr/dossiers/enron/.

El coste anual para una empresa no financiera por ser calificada es de unos 60.000 euros. Cuando se trata de financieras, las cifras se disparan. Desde un mínimo de 300.000 euros al año, la factura puede llegar a superar los 600.000, eso contando con que se haya pactado un precio especial. Cada emisión por separado cuesta entre 30.000 y 50.000 euros.[3]

El círculo de la desinformación y el engaño era perfecto, las empresas pagaban para recibir buenas calificaciones, los calificadores se enriquecían y las empresas lograban subir su cotización en Bolsa. Unos medios de comunicación acríticos que formaban parte del entramado empresarial se encargaban de difundir adecuadamente los informes. De ahí que la caída de Enron fuera seguida de la famosa auditora Arthur Andersen, su cómplice en el arte de engañar sobre su viabilidad financiera. Descubierta con las manos en la masa, la consultora de renombre mundial no dudó en destruir una tonelada de documentos comprometedores.[4]

Desde hace varios años, el denominado Proyecto Censurado de la Universidad Sonoma State de California difunde anualmente las principales 25 historias censuradas por la gran prensa estadounidense. En la edición correspondiente a 2009/2010, incluía la de que los grandes bancos de EEUU que recibieron fondos públicos para salvarse de la crisis financiera, boicotearon con parte de ese dinero un proyecto de ley que favorecía la libre sindicalización de los trabajadores. Igualmente, el Proyecto Censurado denunció que también silenciaron que las grandes empresas financieras lograron, además de recibir fondos multimillonarios, evadir grandes cantidades de impues-

3. Tudela, Ana (2009), «El negocio de decir que el lobo no viene». *Público*, 18 de octubre.
4. Ramonet, Ignacio (2009), *La catástrofe perfecta*. Icaria, Barcelona, p. 63.

tos, como hizo Goldman Sachs, que rebajó su tributación del 34,1% a un magro 1% después de recibir la ayuda federal de emergencia. Según el informe, entre «las grandes noticias censuradas en EEUU y en el resto del mundo está que el gran banco Union Bank de Suiza (USB) permitió que muchos estadounidenses multimillonarios utilizaran sus mecanismos de exención de impuestos para evadir pagos tributarios por 20.000 millones de dólares que deberían haber llegado al Servicio de Recaudación Impositiva de EEUU (IRS, por su sigla en inglés)».[5]

Podríamos enumerar algunos de los elementos que encontramos en la operación desinformativa:

– El silenciamiento de los especialistas críticos. Cada ciudadano puede comprobar en su país cómo los analistas que anunciaron y advirtieron sobre las políticas de especulación y descontrol financiero fueron ignorados por los grandes medios. En España, el catedrático de la Universidad de Sevilla Juan Torres lo recogió en obras como *Coge el dinero y corre* (Icaria, 2006), donde alertaba sobre la burbuja especulativa en que se había convertido la economía mundial. A principios de 2007 el programa estrella de la televisión cubana, *Mesa Redonda*, debatía sobre la crisis que se veía venir con especialistas que acertaron al milímetro lo que sucedió después, todos ellos eran ajenos a los medios occidentales. Incluso en el jurado del premio internacional *Pensar a contracorriente* del año 2008, al que tuve el honor de pertenecer, concedido en el mes de febrero, consideramos que el trabajo más brillante y merecedor del máxi-

5. Carmona, Ernesto (2009), «Las 25 noticias más censuradas en los medios de comunicación. Los grandes bancos que recibieron ayuda sacaron fondos al exterior para evadir impuestos». Rebelion.org, 25 de mayo, http://www.rebelion.org/noticia.php?id=85899

mo galardón era el que anunciaba una tremenda crisis económica que tenía su epicentro en los países desarrollados bajo el título *¿Comienzo del fin de la hegemonía global de Estados Unidos?*, cuyo autor era el cubano Faustino Cobarrubia Gómez. Ningún miembro del jurado éramos economistas, pero nos impresionaron la clarividencia, la sensatez y la lógica aplastante de aquel trabajo. El tiempo demostró lo acertado de nuestro criterio y, por supuesto, el del premiado. Es decir, había especialistas que advirtieron con argumentos evidentes, pero nunca tuvieron acceso a la opinión pública porque no formaban parte de la élite opinante designada por los medios.

Incluso, ya avanzada la crisis y con motivo del primer año de la quiebra del banco de inversión estadounidense Lehman Brothers, el suplemento dominical de economía de *El País* del 13 de septiembre de 2009 anunciaba como analistas de lo sucedido precisamente a los principales banqueros españoles. Dos semanas después, el 27 de septiembre, el diario *Público* también eligió a la élite económica y política para analizar la «salida a la crisis».[6] Como se puede comprobar, pase lo que pase en economía, los expertos de referencia para los medios siempre son los mismos poderosos. Durante el verano de 2009 si observábamos los escaparates de las librerías masivas, del tipo de

---

6. *Público*. 27-9-2009. En concreto las personas elegidas fueron: José Luis Rodríguez Zapatero (presidente del Gobierno), David Vergara (ex secretario de Estado de Economía), Francisco González (BBVA), Isidre Fainé (La Caixa), Luis del Rivero (Sacyr), Baldomero Falcones (FCC), Antonio Brufau (Repsol YPF), Ignacio S. Galán (Iberdrola), José María Castellano (ONO), Gabriele Burgio (NH Hoteles), Antonio Vázquez (Iberia), Javier Millán-Astray (Anged). A ellos se añaden entrevistas con el ministro de Industria y representantes de las empresas Banco Santander, CECA, ACS, Telefónica, Renault, Grupo Barceló y Spanair.

grandes supermercados o estaciones de tren y aeropuertos, descubríamos que los dos libros sobre la crisis que ocupaban un puesto más destacado en los escaparates eran el de José María Aznar *España puede salir de la crisis* y el de Alberto Recarte *El informe Recarte 2009: La economía española y la crisis internacional*. El primer autor no necesita presentación, el segundo, Recarte, fue vicepresidente del Círculo de Empresarios y del Club de Exportadores, consejero de Fenosa y de Endesa, S.A. En la actualidad, entre otros muchos cargos en el mundo empresarial, es miembro del Consejo Rector del Instituto de Empresa, presidente de Libertad Digital, vocal de la Junta Directiva de la Asociación Madrileña de la Empresa Familiar y patrono de la Fundación FAES. Es decir, que estas dos personas son las que, si atendemos a las vías masivas de difusión cultural de nuestro país, nos van a dar las claves para salir de la crisis. Como si ellos no hubiesen jugado ningún papel hasta ahora, o alguien les hubiera oído criticar el modelo o prever lo que iba a suceder.

– También las organizaciones sociales que señalaban la deriva financiera fueron ignoradas por esos medios de comunicación, basta recordar el caso de ATTAC, que lleva más de diez años promoviendo la necesidad de aplicar métodos de control sobre los movimientos especulativos financieros, la denominada Tasa Tobin.

– Como señalamos anteriormente, las grandes empresas de comunicación forman parte de los grupos económicos que se enriquecieron con los diversos booms especulativos, desde los puntocom al inmobiliario. Advertir de la cercanía de una crisis económica habría ido en contra de sus intereses en todas estas burbujas especulativas.

- El mensaje de los medios se utiliza para crear condiciones de alarma que permitan aplicar medidas de recorte social y de los derechos de los trabajadores, al puro estilo de la denominada «la doctrina del shock» que la escritora Naomi Klein ha desarrollado en su libro del mismo título. Una vez creadas las condiciones de psicosis entre los trabajadores, el siguiente paso es convencerles de la necesidad de dar ayudas públicas a la banca y aceptar reformas laborales o congelaciones salariales, con la justificación de que las duras condiciones económicas así lo requieren. Un chiste de El Roto lo ilustraba de forma elocuente con el texto «¡La operación ha sido un éxito: Hemos conseguido que parezca crisis lo que ha sido un saqueo!».

- Otro silenciamiento que aplican los medios es el de cualquier propuesta que implique una ruptura con los principios económicos dominantes. Así, mientras se reconoce la falta de competencia de las entidades de crédito para atender las necesidades de consumidores y pequeños empresarios, se obvia el debate en torno a la creación y puesta en marcha de una banca pública, una figura que existía en Europa y en España hasta hace veinte o veinticinco años cuando comenzaron las privatizaciones.

Simultáneamente hemos asistido a varias anécdotas que ilustran cómo se busca eximir a los medios de comunicación en las grandes operaciones de engaño colectivo a las que se ha sometido a la opinión pública mundial. En mayo de 2008 tuvo una gran repercusión la presentación del libro[7] del ex portavoz de la Casa Blanca Scott McClellan en el que reconocía la

---

7. Scott McClellan (2008), *What happened: Inside de Bush White House and Washington's culture of deception* (Lo que sucedió: Las interioridades de la Casa Blanca de Bush y la cultura del engaño en Washington). Hardcover. Mayo.

manipulación a la que sometieron a los medios de comunicación desde la administración Bush. En su volumen, McClellan acusaba a los medios de haber fracasado en su función fiscalizadora y de «tragarse» la propaganda. Lo que pretendía aparecer como un reconocimiento de culpa, si se observa bien, es toda una operación para eximir a los medios y a los periodistas. El objetivo es que aunque una administración estadounidense salga mal parada, el complejo mediático aparezca como víctima y no como cómplice. Saben que vendrán otra administración y otro gobierno diferentes, pero los medios seguirán siendo los mismos y no es recomendable que su imagen quede dañada. Algo similar sucedió también en enero de 2008. En aquella fecha se difundió un estudio de la organización Integridad Pública en el que se recopilaban nada menos que 935 declaraciones falsas realizadas por Bush y otros siete altos funcionarios de su gobierno en poco más de dos años.[8] Los medios fueron muy diligentes para publicar la noticia de la agencia Efe que recogía la investigación[9] porque les interesaba que el delito de la mentira se circunscribiera a la Administración Bush; «olvidaban» que si esas mentiras tuvieron tanta repercusión y efectividad es porque los medios las dieron por válidas y no cumplieron su función de recoger las voces de quienes denunciaban la falsedad. Al poner en la picota a Bush y su entorno, los medios salían indemnes de la situación.

Luego está la crisis económica que sufren las empresas de medios de comunicación, en especial la prensa. El director de *Le Monde Diplomatique*, Serge Halimi, ha recordado que el dinero destinado a la prensa escrita no ha dejado de bajar en el

8. Véase www.publicintegrity.org
9. Véase *Público*: http://www.publico.es/040456/bush/eeuu/irak/guerra/mentiras *El Mundo*: http://www.elmundo.es/elmundo/2008/01/24/internacional/1201138123.html; *20 minutos*: http://www.20minutos.es/noticia/338682/0/irak/mentiras/bush/

presupuesto de las familias, que prefieren reorientar sus gastos de comunicación hacia el teléfono móvil, internet, televisiones de pago, etc. Halimi apunta que en Francia, una familia media destina menos de cincuenta céntimos de euro por día a la compra de periódicos y los prefiere baratos o incluso gratuitos.[10]

Así exponía la crisis Ignacio Ramonet en *Le Monde Diplomatique* en octubre de 2009:

> El siniestro es descomunal. Decenas de diarios están en quiebra. En Estados Unidos ya han cerrado no menos de ciento veinte. Y el tsunami golpea ahora a Europa. Ni siquiera se salvan los otrora «rotativos de referencia»: *El País* en España, *Le Monde* en Francia, *The Times* y *The Independent* en el Reino Unido, *Corriere della Sera* y *La Repubblica* en Italia, etc. Todos ellos acumulan fuertes pérdidas económicas, derrumbe de la difusión y hundimiento de la publicidad.
>
> El prestigioso *New York Times* tuvo que solicitar la ayuda del millonario mexicano Carlos Slim; la empresa editora de *The Chicago Tribune* y *Los Angeles Times*, así como la Hearst Corporation, dueña del *San Francisco Chronicle*, han caído en bancarrota; News Corp, el poderoso grupo multimedia de Rupert Murdoch que publica *Wall Street Journal*, ha presentado pérdidas anuales de 2.500 millones de euros...
>
> Para recortar gastos, muchas publicaciones están reduciendo su número de páginas; el *Washington Post* cerró su prestigioso suplemento literario Bookworld; el *Christian Science Monitor* decidió suprimir su edición de papel y

---

10. Halimi, Serge (2009), «Un reacomodo brutal». *Le Monde Diplomatique* (edición boliviana), octubre.

existir sólo en internet; el *Financial Times* propone semanas de tres días a sus redactores y ha cercenado drásticamente su plantilla.

Los despidos son masivos. Desde enero de 2008 se han suprimido 21.000 empleos en los periódicos estadounidenses. En España, «entre junio de 2008 y abril de 2009, 2.221 periodistas han perdido sus puestos de trabajo».[11]

La prensa escrita diaria de pago se halla al borde del precipicio y busca desesperadamente fórmulas para sobrevivir. Algunos analistas estiman obsoleto ese modo de información. Michael Wolf, de *Newser*, vaticina que el 80% de los rotativos norteamericanos desaparecerán. Más pesimista, Rupert Murdoch pronostica que en el próximo decenio todos los diarios dejarán de existir...[12]

La crisis de la prensa escrita es doble, por un lado la caída de la publicidad, y por otro la caída de la difusión de los periódicos. Se crea también un círculo vicioso, no disponen de recursos para financiar reportajes en profundidad, mantener corresponsales y enviados, revisar la calidad de los textos o contrastar los hechos, como consecuencia baja la calidad de lo que se publica y, de nuevo, ahuyentan a los lectores que exigen calidad. La prensa escrita opta por textos breves y superficiales con titulares sensacionalistas, precisamente el formato donde internet es más rápido y, además, gratuito.

---

11. Según la Federación de Asociaciones de Periodistas de España, Madrid, 13 de abril de 2009. En noviembre de 2009 esta federación actualizó el dato con 3.000 empleos perdidos desde noviembre de 2008, de modo que los periodistas apuntados en la lista del INEM ascendían a 5.155 (*Público*, 7-11-2009).

12. Ramonet, Ignacio (2009), «La prensa diaria se muere». *Le Monde Diplomatique* (edición española). Octubre. Se recomienda también Halimi, Serge (2009), «La crisis de la prensa escrita». *Le Monde Diplomatique* (edición española). Noviembre; Hayes, Inés (2009), «En quiebra los principales diarios del mundo». *América Siglo XXI*. Caracas. Abril; y Hernández Navarro, Luis (2009), «La crisis de la prensa escrita». *La Jornada*. México, 3 de marzo.

Resulta paradójico que en los tiempos en los que se puede acceder más fácilmente a la información y hacerla circular, quienes se dedican a ello parece que no pueden sobrevivir empresarialmente.

La reacción de algunos ejecutivos resulta irónica. Defensores a ultranza del libre mercado ahora se ven pidiendo a gritos la intervención de los gobiernos para sanear sus cuentas. Los directivos de los medios tradicionales lanzan mensajes alarmistas afirmando que el peligro de viabilidad de sus empresas supone nada menos que el peligro para el mantenimiento de la democracia. Como señala Serge Halimi, «basta con acercarse a un quiosco para constatar que decenas de títulos podrían dejar de existir sin que la democracia se resintiera».[13] Cuando hace veinte años los grandes medios de comunicación lograban fabulosos ingresos gracias a la publicidad, la democracia no era más saludable ni ellos colaboraban más en su mantenimiento o mejora, puesto que se convirtieron en máquinas de hacer dinero al servicio de accionistas y anunciantes a los que nunca les importaron el rigor y la profundidad de los contenidos informativos. Ahora el resultado es que los ataques de angustia de los directivos y dueños de los medios dejan indiferente a la opinión pública porque esta entendió que el argumento de la «libertad de expresión» sirve a menudo como tapadera de los intereses de los propietarios de los medios de comunicación.[14]

Por otro lado, determinados avances tecnológicos y abaratamientos han permitido que lo que antes sólo podían hacer los grandes medios ahora lo puedan afrontar colectivos humildes o profesionales independientes. Una radio modes-

---

13. Halimi, Serge (2009), «El combate de Le Monde Diplomatique». *Le Monde Diplomatique* (edición boliviana). Octubre.
14. Ibíd.

ta se puede permitir contactos y llamadas telefónicas a la otra punta del mundo impensables hace veinte o quince años. Una buena fotografía que antes sólo podía realizar un enviado especial y sólo la capacidad tecnológica de un gran medio lograba enviar a miles de kilómetros ahora la puede lograr un activista y distribuirla de forma inmediata y gratuita a decenas de medios alternativos. Observemos el caso del golpe de Estado en Honduras en el verano de 2009, cualquier medio alternativo tenía acceso a la misma información que un gran periódico o radio y podía contactar con los mismos testigos y líderes. Los números de teléfono para contactar con los miembros del gobierno derrocado y los líderes de las movilizaciones contra el golpe circulaban por correo electrónico entre los periodistas alternativos, quienes podían entrevistarles a un coste prácticamente cero mediante internet o enviarles preguntas por correo. Todos teníamos contactos en el mismo lugar de los hechos y nos transmitían casi en directo lo que estaba sucediendo. Hace unos años, sólo algunos periódicos habrían enviado corresponsales, sólo ellos habrían hecho fotografías y sólo ellos habrían podido acceder a los líderes de la resistencia o del gobierno legítimo. Si lo comparamos con el golpe de Haití en 2004, sólo cinco años antes, vemos que la capacidad de cobertura de los medios alternativos fue mínima. La realidad es que a los grandes medios se les acabó la exclusividad logística y tecnológica que tenían hace diez años y no son capaces de ofrecernos nada digno del prestigio que tenían.

Es importante, por tanto, dejar claro que gran parte de la crisis económica de los medios se debe a que han perdido el favor del público por diversas razones. Vamos a exponer los diferentes componentes de esta crisis utilizando la clasificación del periodista Juan Varela, consultor de medios y editor de la web *Periodistas 21*.

Crisis de mediación

El modelo informativo ya no se identifica con los ciudadanos, una prueba de ese divorcio es que en España se celebrase como un descubrimiento periodístico algo tan obvio como un programa que consistía en que varios ciudadanos le hicieran una pregunta al presidente del gobierno u otros líderes políticos.[15] Del mismo modo, muchos gobernantes mundiales deciden convocar intervenciones televisivas en los medios públicos evitando las ruedas de prensa, es decir, sorteando a los periodistas, que se han convertido en un mecanismo de interceptación que obstaculiza y tergiversa la comunicación entre los gobernantes y los ciudadanos, en lugar de acercarlos, que era su principal misión original. Este tema lo abordamos más ampliamente en el capítulo Política y periodismo.

Crisis de la credibilidad

El público ya no se fía de los medios de comunicación, ha comprobado demasiadas veces cómo mienten u ocultan elementos fundamentales de la realidad. Ya en enero de 2005,[16] Ignacio Ramonet recordaba el caso de Jayson Blair, el periodista estrella de *The New York Times* que falsificaba hechos, plagiaba artículos copiados de internet y que incluso inventó decenas de historias que a menudo publicaba en portada. Su diario, considerado como una referencia por los profesionales, sufrió una conmoción a raíz de este caso. Pocos meses después estalló otro escándalo, aún más estruendoso, en el primer diario de Estados Unidos, *USA Today*. Sus lectores descubrían, estupefactos, que su más célebre reportero, Jack Kelley,

---

15. Nos referimos al programa de TVE *Tengo una pregunta para usted*.
16. Ramonet, Ignacio (2005), «Medios de comunicación en crisis». *Le Monde de Diplomatique*. Enero.

una estrella internacional que desde hacía 20 años viajaba por todo el mundo, que había entrevistado a 36 jefes de Estado y cubierto una decena de guerras, era un falsificador compulsivo, un «impostor en serie». Entre 1993 y 2003, Kelley inventó cientos de relatos sensacionales. Como por azar, siempre estaba en el lugar donde ocurrían los acontecimientos, de los que extraía historias excepcionales y apasionantes.

Crisis de la objetividad

Ya sabemos que la objetividad y la neutralidad no existen, la constante declaración de imparcialidad de los medios no cuela. Existen la honestidad, la veracidad e incluso la pluralidad, pero ya nadie discute el interés ideológico y político que los medios demuestran en su actividad diaria. El tremendo poder que han llegado a ostentar los medios de comunicación, la pérdida de influencia de las ideologías neoliberales en América Latina y el avance de gobiernos progresistas en esa región, han provocado que los medios privados se hayan convertido en agentes políticos de primer orden, lo que ha supuesto el desplome de su imagen como agentes meramente informativos y neutrales.

Crisis de autoridad

Internet y las nuevas tecnologías han mostrado la capacidad de organizaciones sociales y periodistas alternativos para enfrentar el predominio de los grandes medios. Han dejado de ser omnipotentes. Gracias a la capacidad de producir y distribuir información, la autoridad tradicionalmente reconocida a los periodistas como mediadores vuelve al público. Los que más saben o están más cerca de los hechos informan a otros. Hoy existen analistas que consiguen mayor audiencia a través de medios alternativos que la que logran los popes de los grandes medios. Pero, ojo, no es de recibo el argumento de los medios tradicionales que achaca a internet todos sus problemas. Antes de la popularización de internet los medios comenzaron a perder su autoridad con sus concesiones a grandes empresas accionistas y anunciantes, asumiendo los criterios de las grandes potencias en acciones militares injustas e ilegales como la Primera Guerra del Golfo en 1991 o la invasión de Kosovo en 1999. La ciudadanía más crítica comenzó a alejarse de unos medios que, desde su soberbia, se permitieron ignorar y silenciar grandes movimientos ciudadanos como los que pusieron en marcha los foros sociales mundiales o abanderaron los debates en torno a la alterglobalización y otro mundo es posible.

Crisis de la información

La dinámica mercantilista de los medios y la necesidad de aumentar la productividad y rentabilidad han originado que las informaciones no estén elaboradas, ni adecuadamente verificadas, ni con suficientes elementos de contexto y antecedentes que permitan a la sociedad comprender la actualidad. Un ejemplo es el conflicto palestino-israelí, la información que acumula el ciudadano medio sobre este asunto es enorme y, sin embargo, sigue sin comprender el conflicto en toda su magnitud.

Crisis de la distribución

Afecta a la prensa escrita. La metodología de llevar todas las mañanas los periódicos a los quioscos, exponerlos al público y que el ciudadano se desplace hasta allí a comprarlos, se queda obsoleta por muchas razones. En primer lugar, el retraso en la información, los contenidos informativos llegan al público aproximadamente ocho horas después de que los ha escrito el periodista. Otro inconveniente es que para que un diario pueda garantizar que esté disponible en muchos puntos de venta debe asumir, inevitablemente, que muchos terminarán devueltos por no ser comprados. Y, a pesar de ello, por ejemplo, en España, en las zonas rurales la prensa no llega hasta las once de la mañana, y en las grandes poblaciones turísticas se agota antes de esa hora durante los períodos de vacaciones.

En contra de lo que pudiera parecer, esta situación, lejos de ser un problema, abre grandes expectativas de regeneración en el modelo comunicacional que la ciudadanía y los colectivos sociales deben aprovechar:

- En la medida en que se produce una crisis del poder financiero se produce también un debilitamiento de los grandes emporios mediáticos que dominaron el panorama informativo durante decenios.

- Las crisis de credibilidad, autoridad y mediación, deben generar una disminución de la arrogancia y prepotencia de unos medios que operaban a espaldas de los ciudadanos y despreciaban sus iniciativas de participar en la comunicación.

- Ahora muchas instituciones y líderes políticos pueden reaccionar con dignidad porque no se ven obligados a supeditar su discurso ni sus hábitos a las exigencias de un oligopolio mediático que ostentaba un poder ilegítimo.

- La crisis de objetividad ha dejado en evidencia que detrás de muchos medios se escondía más un proyecto ideológico y político que el interés de informar a los ciudadanos.

- La percepción del tremendo poder de la información está convenciendo a la ciudadanía de la necesidad de incorporar mecanismos que velen por su rigor y veracidad, así como la inclusión del Estado como garante del derecho ciudadano a informar y estar informado.

– Por último, todas estas crisis deben desembocar en el desarrollo de propuestas comunicacionales democráticas, plurales y participativas. Políticos progresistas, colectivos sociales, periodistas honrados y todos los ciudadanos en general, deben comenzar a replantearse el modelo en su globalidad y ser audaces en el diseño de alternativas y cambios en este momento clave. De otro modo, el sistema caduco se restablecerá, encontrará parches con los que tapar y disimular sus deficiencias y errores e intentará recuperar el poder y dominio que ha ejercido durante tanto tiempo.

II. POLÍTICA Y PERIODISMO*

Una de las funciones del periodismo era acercar la vida política a la ciudadanía. A través de los medios podíamos conocer las decisiones de los gobiernos, los debates de las instituciones, las iniciativas de los partidos políticos y las reflexiones de sus líderes. Entre las desviaciones del sistema comunicacional dominante se encuentra la de haber pervertido esa función. Hay pocos periodistas que asistan a los debates parlamentarios íntegros o a los plenos de las administraciones locales. Es más frecuente encontrar en los informativos las anécdotas de un diputado tropezando para subir al estrado o la filtración de un comentario indiscreto en la megafonía que una sólida intervención argumentada. Los políticos lo saben, y por eso han desplazado sus anuncios y propuestas a las ruedas y notas de prensa vaciando de contenido los debates en las instituciones. Es frecuente comprobar que un grupo de la oposición convoca una rueda de prensa para denunciar una decisión gubernamental y, posteriormente, los gobernantes convocan su correspondiente rueda para responder. Todo de espaldas al órgano legislativo. De este modo el ritual democrático de tiempos y orden de intervenciones, réplicas y moderación por un presi-

---

*Capítulo basado en un artículo con mismo título publicado en el diario *Público,* marzo de 2010.

dente se destroza por una dinámica mediática que da la espalda al corazón de la democracia: el Parlamento.

Gracias a ese secuestro de la información política por parte de la prensa, los medios se han convertido en los dueños del mensaje emitido por el líder político. Lo pueden silenciar, amplificar, tergiversar, transformar… Veamos un ejemplo. El 10 de diciembre de 2008, el ministro español de Exteriores, Miguel Ángel Moratinos, comparecía ante la Comisión de Asuntos Exteriores del Congreso. El motivo era la difusión por el diario *El País*, diez días antes, de documentos oficiales calificados de alto secreto que demostraban que el gobierno español durante la época de José María Aznar conoció y aprobó que los vuelos clandestinos de la CIA con destino a Guantánamo utilizasen aeropuertos y espacio aéreo español.

El 11 de diciembre los medios se hacían eco de la intervención oficial del ministro a partir, sólo y exclusivamente, del contenido de su discurso. Sin embargo, esas mismas palabras sirvieron para que los periódicos titulasen de esta forma tan dispar, en función de sus alineamientos políticos: en *El País* embestían contra Moratinos y contra Aznar: «Moratinos justifica la connivencia de Aznar con los vuelos a la prisión de Guantánamo».[1] El diario *Público,* sólo contra Aznar: «El gobierno confirma que Aznar autorizó los vuelos a Guantánamo».[2] Y *ABC* exculpaba a todos: «Moratinos proclama que los vuelos de Guantánamo nunca tocaron España».[3] Es evidente que si los ciudadanos se hubieran dirigido a la página web del ministerio español y hubieran leído la intervención del ministro[4] se hubieran informado de forma mucho más rigurosa, sin tener que someterse a la

1. *El País,* 11-12-2008.
2. *Público,* 11-12-2008.
3. *ABC,* 11-12-2008.
4. Véase página del Ministerio de Asuntos Exteriores de España http://www.maec.es/es/MenuPpal/Actualidad/Declaracionesydiscursos/Paginas/comparecenciaministro20081210.aspx.

decantación ideológica de cada periódico. Los medios, en esta ocasión, en lugar de facilitar la mediación entre gobernante y ciudadano, lo que hicieron fue interceptar la comunicación que permiten las nuevas tecnologías e incorporar ruido y sesgo a las palabras originales.

Ante esta situación, ¿cuál ha sido la reacción de muchos gobernantes? Por ejemplo, recurrir a las alocuciones televisivas en cadena en sustitución de las ruedas de prensa. O, en otros casos, a ruedas de prensa en las que no se permiten preguntas. Aparentemente es un formato criticable, y sin duda en muchas ocasiones se utiliza para evitar la petición de explicaciones necesarias o temas embarazosos, lo que afecta al derecho a la información del ciudadano. Pero, por otro lado, es comprensible que el político no quiera que los medios mutilen, alteren o tergiversen su mensaje. Así se comprenden el éxito y la disposición de los líderes para asistir al programa televisivo «Tengo una pregunta para usted», iniciado en Francia y continuado en España, que consiste básicamente en que decenas de ciudadanos anónimos acceden mediante sorteo al estudio de televisión donde podrán hacer en directo una pregunta al político convocado, el cual responderá en ese momento. Es decir, el ciudadano frente al político sin el estorbo del periodista, de ahí la aceptación de la audiencia.

Los periodistas se han quejado en varias ocasiones de ese nuevo formato de ruedas de prensa de políticos en las que no se permiten preguntas. Aducen que se coarta la libertad de prensa porque los medios no tienen la opción de plantear las cuestiones y asuntos que interesan al público. Olvidan que dejar en manos de los periodistas el criterio de lo que interesa y no interesa al público también supone una grave limitación del derecho a la información. Si de preguntas hablamos, podríamos plantearnos los cientos de preguntas que los grupos políticos registran en clave parlamentaria e institucional al gobierno nacional, autonómico o local. ¿Se entera la ciudadanía de esas preguntas y de sus respuestas? Se trata de preguntas registradas por representantes que pueden tener detrás el voto de cientos de miles de ciudadanos. ¿Cumplen los medios su obligación de dar a conocer esas preguntas y sus correspondientes respuestas? ¿Es menos importante la pregunta parlamentaria de un diputado de la oposición al ministro que la del periodista en la rueda de prensa? La mayoría de las primeras son sistemáticamente silenciadas por los medios, seguros estos últimos de que lo que interesa a la ciudadanía es lo que ellos preguntan y no lo que preguntan los diputados elegidos por trescientos mil votos. Iñaki Anasagasti fue diputado del Partido Nacionalista Vasco y portavoz de su grupo parlamentario en el Parlamento español desde 1986 hasta 2004, año en el que fue elegido senador. En ese dilatado período hizo centenares de preguntas parlamentarias, muchas de ellas relacionadas con la monarquía. Ha tenido que publicar un libro para darlas a conocer porque siempre fueron silenciadas por los medios: «[…] habían existido previamente muchas intervenciones públicas, muchas preguntas parlamentarias, muchas cartas, muchas vivencias de todo tipo en relación con la Monarquía aunque rodeadas de algo que explica un buen número de cosas: se silenciaron».[5] ¿Dónde estaba la libertad de expresión de este diputado y el derecho de los ciudadanos a la información sobre la labor de este representante? ¿No son los mismos periodistas y medios que han silenciado las preguntas de Anasagasti y de tantos otros diputados quienes ahora les acusan a ellos de censura porque no aceptan preguntas de los periodistas?

En realidad no es verdad que los periodistas piensen en la libertad de prensa cuando se quejan de que no pueden preguntar en una rueda de prensa, lo que reivindican es su privi-

---

5. Anasagasti, Iñaki (2009), *Una monarquía protegida por la censura.* Foca.

legio para imponer la agenda informativa, es decir, decidir unilateralmente lo que para cada uno de nosotros será de interés informativo al día siguiente.

En junio de 2009 sucedió un hecho curioso en Brasil. La empresa semipública brasileña Petrobras, sometida a una campaña de acoso por los tres principales diarios privados del país, *Folha de São Paulo*, *O Globo* y *O Estado de São Paulo*, puso en marcha el blog titulado *Hechos y datos*, toda una revolución informativa que consistía en que la empresa publicaba todas las preguntas que le formulaban los periodistas y las respuestas a ellas antes de que las utilizaran y publicaran los medios. Era el súmmum de la transparencia: el periodista podía preguntar lo que deseara sin ninguna limitación y el entrevistado (Petrobras) podía responder también sin ninguna limitación. Y ahí estaba el problema, que con el formato del blog el periodista perdía el control para cortar, rehacer, reestructurar, limitar, y cualquier otro eufemismo periodístico para lo que no es otra cosa que manipular. La empresa dejó claro que con su iniciativa lo que quería era que los medios de comunicación relataran fielmente las respuestas que daba a sus preguntas. Ahora, ese blog quedaría como testigo y prueba de cuál fue la respuesta textual de la empresa a la pregunta del periodista.

Desde el principal grupo mediático brasileño, *O Globo*, embistieron con fiereza contra la iniciativa. El editorial del 9 de junio del diario del mismo nombre se tituló «Ataque a la prensa», y afirmaba que Petrobras, con su blog, «ha herido a la Constitución». Entre los analistas consultados por el diario se encontraba Carlos Alberto di Franco, director del Instituto Internacional de Ciencias Sociales, quien consideró que el blog «no es ilegal, pero desde el punto de vista ético y de colaboración con los medios de comunicación, atropella el proceso informativo de forma inédita». Efectivamente, atropellaba un proceso informativo dominado de forma privilegiada por los medios de comunicación para, gracias a las nuevas tecnologías, abrir las ventanas informativas y permitir el contacto directo entre el emisor y el receptor de la información, sin negar el papel a los periodistas, pero sí eliminando su privilegio en el control del proceso. Un sacrilegio.

El presidente de Petrobras, José Sérgio Gabrielli, tenía muy claro que se trataba de un ejercicio de «transparencia informativa» de la empresa. Afirmó que estaba convencido de que, con esta iniciativa, la petrolera «va a revolucionar el periodismo en Brasil» y piensa que pronto otras grandes empresas seguirán el camino de Petrobras. Gabrielli asegura que la empresa no comete ninguna ilegalidad publicando, antes de que las usen los medios, sus respuestas a los periodistas, ya que Petrobras «es la propietaria de sus informaciones» y puede usarlas como desee.[6]

La influencia de los medios en la política es tal que, a buen seguro, iniciativas como las de las listas electorales abiertas terminarían viciadas por el poder de los medios de comunicación. Una propuesta como esta, que busca terminar con los sistemas antidemocráticos y de selección de los candidatos desde la cúpula de los partidos políticos, acabaría cediendo ese poder a los medios. Serían estos los que, con su apoyo o simplemente desequilibrada cobertura a los candidatos, terminarían definiendo los apoyos electorales. De alguna manera ya sucede que figuras sin ningún mérito político y cuya ideología desconoce la ciudadanía se convierten en objeto de deseo de los partidos para incluirlos en sus candidaturas. El impacto mediático que produjo en España el asesinato de la niña Mari Luz, en Huelva, elevó a las alturas a su padre, Juan José Cor-

6. Arias, Juan (2009), «El polémico 'blog' de Petrobras». *El País*. 10 de junio. http://www.elpais.com/articulo/internacional/polemico/blog/Petrobras/elpepuint/20090610elpepuint_3/Tes

tés, un hombre sencillo que mostró una entereza admirable. Sólo ese elemento, añadido a la indignación por el crimen y el comportamiento del sistema judicial español, lo convirtió en un héroe al que varios partidos políticos se dirigieron para proponerle encabezar la lista a la candidatura de la ciudad. Mientras esto sucedía en España, en Italia Silvio Berlusconi anunciaba todo un catálogo de bellas *misses* y *velinas* para su candidatura a las elecciones europeas. Es decir, figuras con gancho mediático. No hace falta ser adivino para asegurar que cualquier partido estaría encantado de incluir en su candidatura a un deportista, cantante o actor de éxito, seguro de que su prestigio mediático atraerá votos sin que necesariamente tengamos que saber cuál es su ideario o su capacidad de gestión. Desgraciadamente, unas listas abiertas también supondrían una competencia entre los miembros de su organización, ya no para quedar bien ante la cúpula del partido, sino ante los medios de comunicación. Terminarían como favoritos quienes se dedicaran a los asuntos de actualidad con más gancho informativo, los más ocurrentes en ruedas de prensa o entrevistas o los que tuvieran mejores asesores de imagen. Simultáneamente, los poderosos medios de comunicación podrían promover a los candidatos elegidos por ellos, seguros de que el trato que reciban en el medio tendrá su reflejo posteriormente en las urnas.

Podemos llegar a la conclusión de que la dinámica de los medios de comunicación condiciona y domina la política atropellando a instituciones, líderes, partidos políticos y, sobre todo, a los ciudadanos. El mensaje de las campañas electorales se simplifica en titulares periodísticos vacuos y chistosos alejados de la argumentación y la propuesta programática, el diseño de los mítines se elabora en función de las conexiones a los informativos de televisión y los temas del debate político diario no responden al programa o inquietudes de los partidos o ciudadanos, sino a la agenda de los directivos de los medios. Los políticos abandonan las instituciones para correr detrás de los micrófonos y los estudios de televisión, porque saben que tres minutos en televisión van a tener más eficacia que una elaborada intervención parlamentaria de treinta minutos. El caso del diputado brasileño por el estado de Amazonas, Wallace Souza, es escalofriante. Conductor de un programa de televisión especializado en crímenes, la policía lo detuvo en agosto de 2009 tras las abrumadoras pruebas que demostraban que era el autor intelectual de muchos asesinatos en los bajos fondos con el objetivo de lograr primicias periodísticas que garantizaban a la cadena audiencias de un millón de personas. No sólo eso, gracias a esa popularidad Souza se presentaba como el diputado abanderado de la lucha contra el crimen y de la exigencia de más mano dura contra los delincuentes, logrando con sus soflamas ser el diputado más votado de la región y reelegido dos veces desde 1998.[7] El caso de Wallace Souza es el ejemplo más evidente de cómo el crimen pudo ser la base perfecta para combinar y rentabilizar la búsqueda de audiencias, el éxito periodístico y el éxito en política.

La mitificación y sacralización de los medios de comunicación puede llevar a sociedades, grupos políticos y gobiernos a ignorar cualquier clave que no sea la del show televisivo. No sólo las instituciones se han vaciado del debate político, que se ha trasladado a las ruedas de prensa, sino que parece que lo único importante es lograr presencia en los medios. En los últimos años, el caso de Venezuela es emblemático como ejemplo de agresividad y politización de los medios de comunicación, pero también lo está siendo ahora sobre cómo la devoción hacia los medios está consiguiendo fagocitar toda la vida política, social y cultural del país. No es que se pro-

---

7. Aznárez, Juan Jesús (2009), «Matar por la primicia». *El País,* 30 de agosto.

duzcan acontecimientos que se recogen en los medios, sino que el único acontecimiento es el contenido de dichos medios. El resultado es que, entre todos, están convirtiendo el país en un plató de televisión.

En agosto de 2008 el político opositor Leopoldo López, en respuesta a una supuesta agresión policial en el aeropuerto, inmediatamente convocó a los medios de comunicación para denunciar el maltrato policial. Desde el entorno gubernamental se respondió filtrando a los medios el vídeo recogido en las cámaras del aeropuerto donde quedaba constancia de que no se produjo agresión alguna. Nunca se supo nada más de la denuncia ante los jueces, ni del resultado de la investigación. Fue un combate de shows televisivos.

En la noche del 10 de septiembre de 2008, un emblemático programa de la televisión pública venezolana (VTV) difundió unas conversaciones de ex militares tramando un golpe de Estado que incluía el asesinato del presidente. Terminaban diciendo en pantalla, menos mal, que el vídeo se pondría a disposición de la Fiscalía General de la República para que se emprendiesen las investigaciones pertinentes al caso. De nuevo el show primero, como si fuese más importante difundir las imágenes del crimen que detener al criminal. El funcionamiento lógico de las instituciones debería haber sido que se investigaran esas grabaciones, se detuviese a los implicados y sólo después se convirtiese en una importante noticia. Pero la perversión mediática ha provocado que primero se emita en televisión una conspiración golpista, sin duda conocida por las autoridades, puesto que se trata de un medio estatal, y se ponga después a disposición de jueces e investigadores.

Lo mismo que se hacía en la película *El show de Truman* con la vida personal de un ciudadano, estamos haciendo ahora con la actualidad política de un país, convertirla en un estudio de televisión. Así, Venezuela deja de ser el país de las telenovelas para convertirse en el de los *reality-shows*. Las consecuencias pueden ser muy graves, las generaciones formadas en ese modelo llegarán a pensar que sólo sucede lo que aparece en televisión y que todo lo que sucede en la televisión es real, cuando precisamente ese es el formato mental que debemos combatir. Es necesario llamar la atención sobre el hecho de que la única trascendencia de hechos tan graves sea exclusivamente mediática, sin que haya consecuencias reales fuera de las televisiones.

En muchos países, los grupos políticos opositores a gobiernos progresistas ya han comprobado que es más eficaz ejercer el enfrentamiento por la vía mediática que en clave de partido político. Así, han surgido medios de comunicación con más poder que los partidos políticos de la oposición. Más poder para imponer la agenda política, más impunidad para tergiversar la realidad y menos control económico y transparencia de las que deben cumplir las organizaciones políticas. Lo sucedido sólo se podría calificar de golpe de Estado puesto que se están desactivando las instituciones y la capacidad de los partidos para diseñar sus propias alternativas y críticas; y todo ello sin dejar hueco a la participación e iniciativa ciudadanas.

La vinculación entre periodismo y política puede ser tan perversa como para que las acciones en Bolsa de un grupo empresarial de comunicación puedan subir o bajar en función de unos resultados electorales. Sucedió en Argentina tras las elecciones legislativas de junio de 2009. El resultado adverso para el oficialismo de Néstor Kirchner y su esposa Cristina Fernández desencadenó que la cotización del grupo Clarín subiera un 30,63%.[8] Es evidente que

---

8. Reuters. «Las acciones del Grupo Clarín suben un 30,6% con la derrota de Kirchner». *El Mundo* 30-6-2009, http://www.elmundo.es/elmundo/2009/06/30/comunicacion/1246353794.html

esos medios no son ni pueden ser neutrales periodísticamente si los resultados electorales tienen una relación tan estrecha con sus previsiones de rentabilidad económica. Lo que alguna vez se llamó «el cuarto poder» por considerarlo el más adecuado para controlar a los otros tres en nombre de la ciudadanía, ha terminado siendo el más poderoso, menos controlable democráticamente y menos representativo.

III. LOS OBSERVATORIOS DE MEDIOS, OCHO AÑOS DESPUÉS

La globalización económica neoliberal ha provocado, entre muchas otras cosas, que las empresas de medios de comunicación se hayan concentrado alcanzando un enorme poder. Por otro lado, en muchos casos no sólo se trata de empresas de comunicación, sino de grandes grupos económicos y financieros que entre sus múltiples inversiones tienen parte de sus acciones en medios de comunicación. Este desarrollo del neoliberalismo y el libre movimiento de capitales ha desembocado en que las instituciones democráticas (parlamentos, gobiernos, etc.) hayan ido perdiendo poder e influencia en aras de los grupos económicos que, como es sabido, mueven más recursos económicos que el PBI de muchos países y, por supuesto, que el presupuesto de la mayoría de los gobiernos.

El resultado es que, unos medios de comunicación que se calificaron de cuarto poder, tal como lo he dicho anteriormente, en la medida en que podrían representar una voz independiente que sirviera de vigilancia y control de los excesos de los otros tres poderes, terminó adquiriendo mayor poder. De ahí los denominados Observatorios de medios, una institución ciudadana cuya función es supervisar y denunciar los abusos de ese superpoder de los medios de comunicación.

Medios sin credibilidad

Además del desmedido poder que han adquirido los medios de comunicación, encontramos una importante pérdida de confianza hacia ellos. El último estudio de The Pew Research Center for the People & Press, con sede en Washington, mostró que la credibilidad de los medios de comunicación estadounidenses ha caído al nivel más bajo de los últimos diez años.[1] Dos de cada tres ciudadanos de ese país creen que las historias que leen, ven y escuchan en los medios a menudo carecen de rigor y precisión. El 63% considera que las noticias suelen ser inexactas, según la encuesta de este organismo reconocido por su carácter independiente y sus constantes análisis de opinión. Las cifras actuales contrastan con las que arrojó el primer estudio del Pew Research Center sobre el desempeño de los medios de comunicación (1985), donde el 55% de los encuestados dijo que consideraba exactas las noticias, mientras que sólo el 34% las calificó de inexactas.

El informe, divulgado en septiembre de 2009, indica que casi tres cuartas partes (74%) de los entrevistados afirman que los medios de comunicación tienden a favorecer a una de las partes en el tratamiento de las cuestiones políticas y sociales, mientras que sólo el 18% dice que tratan de forma justa a todas las partes. El porcentaje de ciudadanos que percibe parcialidad en los medios no ha dejado crecer con los años. En 2007 eran el 66% y en 1985 el 53%.

Junto a esto, el informe indicó que cayó a mínimos históricos el porcentaje de los estadounidenses que cree que las organizaciones noticiosas son independientes de los poderosos o de las grandes corporaciones (20%) y el de los que piensan que los medios están dispuestos a reconocer sus errores (21%).

---

1. Agencia Telam. La Voz 16-9-2009 http://www.lavoz.com.ar/09/09/16/Cae-credibilidad-prensa-EE.UU..html

Medios que desplazan a organizaciones políticas

Los lobbies políticos también han descubierto que es más eficaz y están sometidos a menos control si operan mediante medios de comunicación que a través de las organizaciones creadas para la lucha por la hegemonía política, los partidos. La impopularidad de estos ha provocado que el activismo se vuelque en los medios, con el desequilibrio que supone el acceso desigual de los diferentes grupos a los medios de comunicación. Es evidente que, como poderosas empresas privadas que son, sólo las opciones neoliberales serán bien recibidas en los medios. Por otro lado, intervenir política e ideológicamente a través de los medios conlleva una mayor capacidad de convencimiento, porque los medios no se presentan como legítimas opciones políticas sino como poseedores de la verdad y la información neutral, lo que termina siendo una fantástica operación de fraude y prostitución del derecho a la información de la ciudadanía, que recibe operaciones de poder político disfrazadas de información plural y equilibrada.

Medios que combaten a gobiernos legítimos

Las operaciones de intervención política a través de los medios de comunicación se han visto agudizadas con la llegada de gobiernos progresistas al continente latinoamericano. Desde los medios se han operado verdaderas campañas de desestabilización destinadas a derrocar gobiernos. Quizás el primer caso se dio entre 1970 y 1973 contra el gobierno de Salvador Allende en Chile, protagonizada por el diario *El Mercurio*. La participación de los medios fue aún más importante en el golpe de Estado contra Hugo Chávez en Venezuela en 2002.[2] En la actualidad los medios bolivianos,

---

2. Sobre este asunto se recomienda el libro *Periodismo y crimen,* Ed. Luis Alegre. Hiru. 2002.

ecuatorianos y brasileños ya han reconocido abiertamente su combate contra los gobiernos legítimos. En el último capítulo de este libro se analizan las presiones que han debido soportar muchos de los gobiernos del ALBA por parte de las empresas periodísticas.

En Brasil, la Rede Globo ejerce uno de los mayores oligopolios. Contribuyó de forma decisiva en la historia del país, como en el episodio de las elecciones presidenciales de 1989 cuando dicho grupo Globo editó maliciosamente el último debate entre los candidatos, favoreciendo así al candidato neoliberal Fernando Collor de Mello, en contra del candidato de la izquierda Luiz Inácio Lula da Silva. En 1993 el canal británico *Channel 4* estrenó el documental *Beyond Citizen Kane*, que narraba asuntos controvertidos sobre la formación y prácticas de Rede Globo. El dueño de O Globo, Roberto Marinho, intervino judicialmente y logró la prohibición del documental en territorio brasileño. En Argentina, la guerra del grupo Clarín contra Néstor Kirchner primero y Cristina Fernández después, se agudizó en septiembre de 2009 cuando se presentó el proyecto de Ley de Medios Audiovisuales, que establecía límites a la concentración de medios.

El profesional no es libre

El marco privado en el que se desenvuelven los medios de comunicación implica la potestad absoluta de los dueños para elegir a los directivos, y estos a los profesionales que van a desarrollar ahí su trabajo. Igualmente para prescindir de quienes no sean de su gusto. Esto quiere decir que hablar de deontología profesional o principios periodísticos no tiene sentido cuando existe un empresario con total libertad para despedir al periodista que no acata sus líneas de trabajo. Cualquier código de pluralidad, equilibro o veracidad estará en manos de quien contrata, nunca del profesional, puesto que es el primero quien selecciona a los que trabajarán.

Ausencia de contrapoder de los medios

Nuestros sistemas democráticos, con todas sus deficiencias, se fundamentan en que todo poder tenga un contrapoder. Frente al gobierno está la oposición; frente a los empresarios los sindicatos; frente a las empresas las asociaciones de consumidores. Hasta los criminales cuentan con un abogado defensor en los juicios. En cambio no existe una contraparte frente al poder de los medios. Por decirlo en palabras del Instituto Gutenberg:

> La prensa fiscaliza al gobierno. La prensa fiscaliza a los jueces. La prensa fiscaliza a los artistas. La prensa fiscaliza a los empresarios. La prensa fiscaliza a los políticos. La prensa fiscaliza a los jugadores de fútbol. La prensa fiscaliza a los policías de tráfico. La prensa fiscaliza a los sacerdotes y obispos. La prensa fiscaliza a los poderes públicos. La prensa fiscaliza al cine y al teatro. La prensa fiscaliza a los profesores. Lo único que la prensa no fiscaliza es a la propia prensa, ¿quién fiscaliza a la prensa?[3]

Además, a los medios les gusta airear la libertad de expresión como principal argumento para poder mantener sus privilegios. Cualquier medida destinada a equilibrar su dominio se tilda inmediatamente de ataque a la libertad de expresión. El filósofo Santiago Alba señalaba que en el capitalismo, con unos medios privatizados, lo que sucede es que el Estado «delega el derecho de censura, no en manos de ciu-

---

3. Véase http://www.igutenberg.org/apresent.html.

dadanos libres o, en el extremo, de partidos y colectivos civiles, sino de grandes multinacionales que son las que, directa o indirectamente, redactan los periódicos y programan las cadenas de televisión».[4] Ellos «son los que deciden quién puede hablar y qué escuchamos». Las limitaciones a su poder no serían ataques a la libertad de expresión sino a su derecho de censura.

Creación de ciudadanía

La democracia supone implicar al ciudadano en el mayor número de cuestiones públicas: en la selección de sus gobernantes (elecciones), en la toma de decisiones sobre el gasto público (presupuestos participativos), incluso en el enjuiciamiento de quienes han violado las leyes (jurados populares). Comprender que la ciudadanía supone obligaciones participando en todo tipo de facetas y funciones es el modo de lograr que la democracia no sea un cascarón vacío en el que nos limitamos a delegar cada cuatro o cinco años durante las elecciones, y dados los niveles de abstención, algunas veces ni eso. El Observatorio de medios sería así un lugar de construcción de la ciudadanía,[5] es decir, un espacio público de debate y participación que superase un modelo comunicacional fundado en unos privilegiados que pueden dirigirse a la población y una masa sin capacidad de respuesta.

---

4. Alba, Santiago. «En favor de la censura». *La República*. Véase Rebelion. org, 3-5-2008 http://www.rebelion.org/noticia.php?id=66875

5. Observatorios y veedurías ciudadanas de los medios de comunicación en América Latina. Centro de Competencia en Comunicación para América Latina. Septiembre de 2003. http://library.fes.de/pdf-files/bueros/kolumbien/04198.pdf

Falsas alternativas a los Observatorios

Los medios intentan presentar supuestos sistemas de vigilancia y control para aparentar autocrítica y ética. La mayoría de ellos esconden un último control propio y no son verdaderos sistemas de vigilancia pública como un Observatorio. Veamos cuáles pueden ser.

Ombudsman o defensor del lector. Se trata de una figura del *staf* del medio al que los lectores o audiencias envían sus quejas. El formato es tan engañoso que en el caso, por ejemplo, del diario *El País*, ni siquiera se recogen las cartas de los lectores, se publica el artículo del defensor haciendo referencia a las quejas y dándoles respuestas que suelen ser justificaciones del propio diario. Esta persona no tiene ninguna independencia, puesto que forma parte de la plantilla del medio y es seleccionada por sus directivos.

Códigos deontológicos. No son elaborados ni por la ciudadanía, ni por ninguna autoridad, sino por los propios medios ante las presiones de ciudadanos y autoridades. Además no requieren el obligado cumplimiento. El 10 de julio de 2007, un estudio de la Universidad Rey Juan Carlos mostró que en sólo 14 semanas, las televisiones españolas infringieron nueve mil veces el Código de Autorregulación sobre Contenidos Televisivos e Infancia, del que ellas mismas se habían dotado. El paso del tiempo no cambió su comportamiento, en noviembre de 2009 se hizo público que las cifras de incumplimientos de ese mismo código eran de seis veces al día.[6] Incluso las políticas de sanciones, cuando las hay, son absolutamente benévolas. Las asociaciones de espectadores denunciaron que, durante 2008, el importe total de las sanciones impuestas por el Ministerio de Industria, Comercio y Turismo por emitir contenidos perjudiciales para los menores ascendió a 300.000

---

6. Europa Press. 30-11-2009 http://www.europapress.es/epsocial/noticia-televisiones-emiten-contenidos-nocivos-menores-cada-media-hora-horario-protegido-atr-20091130132024.html

euros, lo que dividido por el número de incumplimientos cometidos por las cadenas, suponía que cada incumplimiento le costó al canal de televisión la ridícula cifra de 25 euros.

Libros de estilo. Elaborados por cada medio y con muy poca difusión, una somera comparación entre su contenido y lo que difunde el propio medio muestra que los cumplimientos sólo son efectivos en las cuestiones técnicas y de estilo, pero no en lo referente a los principios y hábitos éticos y deontológicos.

Como se puede apreciar, ninguna de estas figuras supone un sistema de control independiente, se trata sólo de coartadas creadas por los propios medios para maquillar la ausencia de institución alguna que vele por la ética de su trabajo.

Historia de los Observatorios

Los antecedentes de los Observatorios de medios deberíamos buscarlos en el *ombudsman*, que tiene su origen en la década de los sesenta en Suecia y se desarrolló en las dos décadas siguientes. La crítica a los medios de comunicación ya surgió en Estados Unidos en los años sesenta a consecuencia de la Guerra de Vietnam. Posteriormente, también en EEUU, se fundó en 1986 FAIR (Imparcialidad y Rigor en el Periodismo), que investiga desde un punto de vista crítico el comportamiento de los *mass media* estadounidenses.

Pero sería la propuesta del director de *Le Monde Diplomatique,* Ignacio Ramonet, en el II Foro Social Mundial de Porto Alegre en 2002,[7] la que dio el espaldarazo al proyecto y planteó poner en marcha el denominado Media Watch Global-Observatorio Internacional de los Medios, que contem-

---

7. Ramonet, Ignacio (2003), «El quinto poder». *Le Monde Diplomatique* (edición chilena). Octubre, http://www.lemondediplomatique.cl/El-quinto-poder.html http://www.espalwii.com/index.php.

plaba como novedad la inclusión de los propios ciudadanos en el observatorio. El Consejo Internacional del Observatorio Media Watch estaba integrado, entre otros, por Roberto Savio, de la agencia IPS/ Italia, Bernard Cassen de Attac y el citado Ignacio Ramonet. Los propósitos del proyecto consisten en producir y comunicar información, así como emprender toda clase de acciones destinadas a promover y garantizar el derecho a la información de los ciudadanos en todos los países del mundo. Para ello, se decidió que la asociación promovería la creación de observatorios nacionales de los medios de comunicación a los que concederá el derecho de utilizar la denominación Media Watch Global/Observatorio Internacional de los medios si cumplen los porcentajes de participación previamente establecidos. En esos momentos se constituyeron los Media Watch nacionales de Venezuela y Brasil. La delegación presente en el lanzamiento dio cuenta de la experiencia que ya se venía haciendo con debates públicos, actividades de formación y publicaciones con el Observatorio Político, Social y Cultural de Medios de la Unión de Trabajadores de Prensa de Buenos Aires, proyecto autónomo que se comprometió a aportar su experiencia a esta iniciativa, además de expresar la adhesión y el respaldo activo de la Federación Latinoamericana de Periodistas (Felap).[8]

El proyecto seguiría debatiéndose la Cumbre de la Sociedad de la Información (CMSI), en Ginebra en octubre de 2003. Allí la sociedad civil, aliada con los investigadores de la comunicación, consolidó la campaña CRIS (Derechos a la comunicación en la sociedad de la información), que fue lanzada por la plataforma de Derechos de Comunicación creada por un grupo de ONG que trabajaban en el campo de la información

---

8. Media Watch Global. Foro Social Mundial (2003), 11 de marzo, http://www.forumsocialmundial.org.br/dinamic.php?pagina=ofic_media_watch_esp.

y comunicación. La campaña CRIS ha luchado por la ciudadanía, en una conferencia de alto nivel, que miraba sobre todo al *business* de la Sociedad de la Información. Más adelante, el Observatorio de Medios se trataría en el Primer Foro Mundial de la Información y de la Comunicación (FMIC), en enero de 2005, de nuevo en Porto Alegre.[9]

Hoy existen numerosos observatorios en países de todos los continentes cuya actividad y eficacia son muy variables.

Quiénes integran los Observatorios

La propuesta de Ramonet en el II Foro Social Mundial de Porto Alegre 2002 establece tres tipos de miembros que disponen de idénticos derechos: 1) periodistas profesionales u ocasionales, en activo o jubilados, de todos los medios de comunicación, centrales o alternativos; 2) universitarios e investigadores de todas las disciplinas, y particularmente especialistas en medios de comunicación, porque la universidad, en el contexto actual, es uno de los pocos lugares parcialmente protegidos de las ambiciones totalitarias del mercado; 3) usuarios de los medios de comunicación, ciudadanos comunes y personalidades reconocidas por su estatura moral...

Según mi opinión se trata, sin duda, de una propuesta acertada, pero que después, en el desarrollo, se enfrenta con obstáculos que desencadenan que no se produzca este equilibrio, lo veremos más adelante cuando analicemos las dificultades y deficiencias a las que se enfrentan las diferentes experiencias de los Observatorios.

---

9. Territorio Digital. 23-1-2005, http://www.territoriodigital.com/nota.aspx?c =8266218671693410.

Qué deben vigilar

No debemos olvidar que el espíritu del Observatorio es nada menos que velar por el cumplimiento del artículo 19 de la Declaración Universal de los Derechos Humanos (1948) que establece el derecho a «recibir informaciones y opiniones». En el caso español, nuestra Constitución es la primera en Europa que recoge el derecho a recibir una información «veraz». Por lo tanto, si las noticias de nuestros medios no poseen la veracidad ni la calidad necesarias y las opiniones no están equilibradas, se estarán violando los dos pilares legislativos fundamentales de nuestra comunidad por mucho que sigan alardeando de libertad de prensa.

Los Observatorios de medios deben prestar atención a las siguientes cuestiones.

1. *La selección de los temas.* Debemos alejar esa tesis que pide cobertura y se queja de los silencios, porque no siempre es válida. En alguna ocasión he recordado la política de silencio/portada de los grandes medios: mucho espacio para gobiernos díscolos para dar imagen de desestabilización y silencio para los gobiernos sumisos para permitir la aplicación de sus políticas.

2. *Los protagonistas de las noticias.* Observar si son representativos de los colectivos de los que dicen ser portavoces. Si se presentan de forma equilibrada todas las posiciones respecto a un asunto.

3. *Ubicación de la noticia.* En la prensa escrita, si la información se sitúa en un sitio destacado o discreto, y en que sección se incluye. Si hay llamada en portada y sumario o no. En los audiovisuales, si se incluye en sumarios destacados al principio.

4. *Lenguaje.* Observar la terminología utilizada, muchos vocablos poseen una intencionalidad negativa: régimen, populista, etc. Otros positiva: aliados, democra-

tización, diálogo... Todos ellos se insertan en discursos informativos que se presentan como neutrales.

5. *Infografía.* Observar si los cuadros estadísticos son rigurosos y neutrales. Si las clasificaciones son adecuadas.

6. *Técnicas y estrategias audiovisuales.* Comprobar si las imágenes de archivo se adecúan a la información. Si existen dramatizaciones que explotan emociones en exceso. Si se insertan sonidos ajenos o montajes de imagen.

7. *Elección de analistas y fuentes de documentación.* Si, presentándose como independientes, pertenecen a un determinado lobby o grupo de poder. Si los servicios de documentación son neutrales.

8. *Dobles raseros.* Preguntarse si los acontecimientos similares se narran de diferente forma según el país donde han sucedido. Si las declaraciones de los cargos o figuras públicas de diferentes países disfrutan de la misma cobertura en los medios. Y, sobre todo, si están identificadas.

9. Detectar también lo que no se cuenta, los silencios ante determinados acontecimientos o de los intentos ciudadanos por difundir algo.

10. *Observar estrategias discursivas ilícitas.* Por ejemplo, cuando el medio se erige en portavoz de la opinión pública sin ningún estudio de campo que lo avale.

11. *Falsedades.* No son tan habituales, pero hay que detectarlas y ponerlas rigurosamente en evidencia.

12. *Métodos tramposos de participación.* Muchas encuestas pretenden imponer una agenda informativa, observar si se incluye una valoración en el enunciado de la pregunta y si entre las posibles respuestas hay lugar para expresar todas las posiciones.

Los obstáculos a los que se enfrentan

La situación actual es que la mayoría de los Observatorios de medios operan en el marco universitario. Mediante la colaboración de profesores y estudiantes hacen seguimientos de procesos informativos en sus países y elaboran informes que se hacen públicos. El principal acontecimiento que genera trabajos para un observatorio de medios son las convocatorias electorales. Se trata de un evento informativo delimitado en el tiempo, con una gran cobertura informativa y donde los medios se ven fácilmente implicados en intereses políticos. Los observatorios llevan a cabo un trabajo que no supone grandes costes económicos, pero sí mucho esfuerzo en recursos humanos cualificados. De modo que razones de fuerza mayor provocan que no se cumpla la propuesta inicial de que estén integrados a partes iguales por usuarios, periodistas y personas del ámbito universitario, al no tener estos grupos la misma capacidad de participación debido a que se requiere una dedicación laboriosa e intensiva en un corto período de tiempo.

Otro obstáculo al que se enfrentan es el silenciamiento al que se ven sometidos los resultados. No podía ser de otro modo; si los informes de los observatorios muestran y denuncian lo que hacen mal los medios, difícilmente estos se van a hacer eco de ellos. La difusión, por lo tanto, se limita a ámbitos académicos y universitarios, sólo en casos de alta confrontación con gobiernos estos últimos intentan sacarlos a la luz como prueba de los incumplimientos informativos de los medios.

Propuestas de mejora

Han pasado suficientes años desde que se definió la función de los Observatorios de medios y han surgido numerosas experiencias como para poder analizar cuáles son las cuestiones pendientes y cuál debería ser la vía para superarlas. Así, podemos atrevernos a sugerir tres propuestas.

51

1. Los Observatorios se han desarrollado básicamente en el entorno universitario porque sólo allí existían recursos humanos cuantitativa y cualitativamente suficientes y la logística necesaria para desarrollar su trabajo. Hay que implicar a los usuarios y periodistas, y para ello las administraciones deben dotarles de presupuesto necesario para romper los estrechos márgenes de la universidad e implicar a más sectores.

2. Como muchos trabajos intelectuales, los informes de los Observatorios sólo tendrán valor si son suficientemente difundidos y conocidos por la población. Eso no sucede y no sucederá nunca si depende de los medios de comunicación privados. Las autoridades y medios de comunicación públicos deben asumir el compromiso de difundir estos trabajos. Como todas las denuncias públicas, su capacidad depende directamente de que lleguen a la ciudadanía.

3. Aunque no se planteó en su momento, en mi opinión debe proponerse ya, sin paliativos. Se trata de la necesidad de que las conclusiones de los estudios de los observatorios incluyan recomendaciones y propuestas que sean legalmente vinculantes para los medios de comunicación. De nada sirve un observatorio si no se crean vías para intervenir en los medios. ¿Qué sentido tiene, después de una campaña electoral injusta, decir que los medios no fueron equilibrados ni plurales? Resignarse a un poder exclusivamente moral, como se planteó originalmente en el II Foro Social Mundial, es como crear una organización de derechos humanos sin exigir que el sistema judicial actúe contra los violadores de estos derechos.

Por último, en la medida en que los trabajos de los observatorios tengan eco entre la población y sean vinculantes, se despertará mayor interés en los usuarios y aumentará la participación de la ciudadanía.

Información recomendada

HERNÁNDEZ SOTO, Tatiana y otros (2005), «Los Observatorios de Comunicación». *Chasqui*. Centro Internacional de Estudios Superiores de Comunicación para América Latina (CIESPAL). Junio.
http://www.monografias.com/trabajos908/observatorios-comunicacion/observatorios-comunicacion.shtml.

HERRERA DAMAS, Susana (2005), «Tipología de los Observatorios de medios en América Latina». *Revista Palabraclave*. Diciembre.
http://dialnet.unirioja.es/servlet/fichero_ articulo?articulo =1970870&orden=69832.

MORALES, Mario (2005), «¿Por qué un observatorio?» *Medios para la Paz,* 12 de agosto.
http://www.mediosparalapaz.org/index.php?idcategoria =2216.

MATEOS, Concha (2007), «Análisis de contenido y movilización política, las claves para una vigilancia eficaz de los medios. Entrevista a Ignacio Ramonet». *Revista Latina de Comunicación Social.* Septiembre.
http://www. revistalatinacs.org/observatorios.htm

IV. LA RED, ¿LIBRES O ENREDADOS?*

Han pasado poco más de quince años de la popularización de internet y los más jóvenes no comprenden para qué sirve un ordenador si no se pueden conectar a la red. Pocos inventos han convulsionado tanto una generación como la llegada de internet. «Se trata de una revolución —afirma Michel Quatrepoint— comparable al desarrollo de los trenes en 1840 y a la aparición de la electricidad en 1870, que sacude las estructuras sociales de la producción. Por primera vez en la historia, los jóvenes saben más que los mayores».[1]

Su aterrizaje en la vida cotidiana de los movimientos sociales, los medios de comunicación y el activismo político, está repleto de curiosidades y paradojas, muchas de las cuales ya parecen olvidadas. Por ejemplo, cuando en 1994 las grandes empresas aún no se comunicaban con sus delegaciones por internet, y mucho menos disponían de páginas web para captar clientes o informar de sus novedades, el Ejército Zapatista de Liberación Nacional (EZLN) desde la selva Lacandona, en

---

*Capítulo basado en el artículo del mismo nombre publicado en la revista *Éxodo*. Octubre de 2009.

1. Quatrepoint, Jean-Michel. *La crisis global*. París. Mille et une nuits. 2008. Citado por Ignacio Ramonet (2009), *La catástrofe perfecta*. Icaria, Barcelona. p. 57

el sur de México, nos enviaba a un grupo de periodistas y activistas sus comunicados y denuncias a través de la red. Los medios alternativos comenzamos a funcionar mediante páginas web antes que los grandes periódicos. Era lógico, estos últimos ya tenían el monopolio de la información, operar en un nuevo soporte que no proporcionaba ingresos económicos no tenía interés para ellos.

Cuando nació *rebelión.org*, en septiembre de 1996, en España los grandes diarios no tenían todavía página web. La conversación de aquellos días entre un informático y un periodista, a partir de la cual se creó rebelión.org, formaría parte de una cita de museo. El informático contaba al periodista que era posible, técnicamente, sin necesidad de recursos económicos y con muy poca tecnología, hacer un medio de comunicación escrito disponible vía ordenador, que se podría leer en cualquier parte del mundo con la única condición de tener línea telefónica y un ordenador. A continuación, le pregunta si cree que se puede encontrar un grupo de periodistas con capacidad para conseguir una decena de informaciones alternativas a la semana para darle contenido.[2]

Con las organizaciones sociales sucedió igual que con los medios de comunicación. Fueron las más humildes y jóvenes las que comenzaron a desarrollarse en internet antes que los partidos políticos o los grandes sindicatos. Por eso las guerrillas armadas que operaban en las selvas llegaron a la red antes que los ministerios europeos.

Los que pusimos en marcha rebelión.org nunca pensamos que la ciudadanía en general pudiese leernos, nuestro objetivo era crear una agencia de noticias para suministrar contenidos de temática internacional a medios alternativos locales

    2. Serrano, Pascual. «Rebelion.org, historia de una lucha. La honda de David» http://www.rebelion.org/noticia.php?id=10881

como boletines de barrio o radios libres y comunitarias. No existían los buscadores ni muchas páginas desde las que nos pudieran enlazar o siquiera citar.

Tecnofilia y tecnofobia

Es oportuno recordar todo esto para comprender la envergadura de lo sucedido con la red. Desde su aparición, los activistas se dividieron en tecnofóbicos y tecnofílicos. En el primer grupo recuerdo a un coordinador regional de Izquierda Unida, con título universitario, que decía que estaba convencido de que internet se había creado con el objetivo de destruir el sistema público de correos postal y que, por lo tanto, como defensores de lo público, debíamos negarnos a utilizar el correo electrónico.

La red provoca reacciones muy controvertidas entre los individuos. Los hay que encuentran en ella el santo grial al que recurrir siempre para resolver los problemas: su información se la da Google, su cultura la proporciona Wikipedia, sus conversaciones las resuelve con el Messenger o el Skype, sus amistades se crean en Facebook y Twitter, y su movilización política es mediante la adhesión a los manifiestos que le llegan por correo electrónico. Así el individuo se considera culto, socialmente integrado, ciudadano organizado de su sociedad y políticamente activo. En el lado opuesto encontramos al tecnofóbico, que piensa que la información que no llega en papel o no sale en televisión no existe y se considera socialmente muy organizado porque va todas las tardes al bar.

Las autoridades también se han apuntado al fetichismo tecnológico de internet. En el año 2000, cuando era presidenta del Senado español, Esperanza Aguirre planteó la posibilidad de que se pudieran seguir por internet los plenos de la Cámara. Pero para eso no hacía falta el ciberespacio, si lo hubiera deseado hacer bastaba con llevar las cámaras de la televisión pública, algo que podían haber puesto en práctica hacía años. El presidente español,

José Luis Rodríguez Zapatero, propuso en el debate del estado de la nación de mayo de 2009 financiar un ordenador portátil gratuito con internet para cada niño de quinto de Primaria. Por un lado, el gobierno regala ordenadores y por otro cobra impuestos (IVA) cuando compramos papel, lápiz, bolígrafos y libros de texto. Fuera de España no es diferente, el gobierno de Brasil también distribuyó ordenadores con wifi en aldeas donde no han llegado la electricidad ni el agua potable y las calles están sin asfaltar, o en favelas de Río de Janeiro,[3] donde el verdadero problema para sus habitantes es la inseguridad y la precariedad de sus viviendas e infraestructuras. Ryszard Kapuściński ya comentaba en el año 2000 cómo sendos proyectos de enviar ordenadores a África del Institute of Technology de Massachusetts y de París acabaron en fracaso, mientras que la iniciativa china de enviar bolígrafos a tres y cinco centavos fue un éxito.[4]

Burbuja social

La red provoca la creación de grupos endogámicos que, si bien ahuyentan esa terrible sensación entre los comprometidos políticamente de izquierda de ser perros verdes en una sociedad frívola y materialista, en muchas ocasiones desarrolla lo contrario: el espejismo de creer que somos muchos y mayoritarios. Algo de esto descubrieron algunos tras las elecciones al Parlamento Europeo de junio de 2009. Diferentes medios alternativos, foros y blogs de grupos políticos de izquierda radical daban la impresión de contar con un gran número de seguidores, pero los resultados electorales demostraron que no era así. «Quienes vivimos políticamente en esta burbuja in-

---

3. «Primera favela de Río de Janeiro con internet inalámbrico». Yvke Mundial. 11-3-2009, http://www.radiomundial.com.ve/yvke/noticia.php?21244
4. Ryszard Kapuściński (2004), *El mundo de hoy. Autoretrato de un reportero*. Anagrama. Barcelona.

formática que es internet, hemos terminado distorsionando la realidad. Los medios alternativos tienen la fuerza que tienen y ha quedado demostrado que no es mucha», llegó a señalar Jesús Prieto en *Insurgente* en un artículo titulado «La realidad virtual y la realidad a secas no son la misma cosa».[5] La izquierda, acostumbrada a moverse en su micromundo de internet militante, se queda conmocionada cuando sale y comprueba que en otros fenómenos de la red no tan ideologizados la trivialidad y la ideología conservadora es dominante, tan dominante como, por poner un ejemplo, entre el colectivo de usuarios del autobús donde viajamos. Les ha sucedido a muchos con Wikipedia, la enciclopedia «libre» en internet. Cuando en rebelión.org se denunció la línea derechista adoptada en la explicación de muchos vocablos no nos dábamos cuenta de que Wikipedia y su colectivo de colaboradores sólo representan la misma casuística que hay en nuestra sociedad. Si en las elecciones europeas la mayoría de los votos son para la derecha, no podemos encontrar otro panorama social diferente a la hora de analizar el perfil de los internautas voluntarios en Wikipedia. No olvidemos que, como señaló el doctor en filosofía y profesor asociado de sociología en la Universidad Carlos III César Rendueles, muchos proyectos de internet serían así el paradigma por antonomasia de una extraña utopía liberal donde la cooperación surge como por arte de magia de la mera concurrencia en un espacio límpido —sospechosamente parecido al mercado, por cierto— de individuos autónomos sin otra relación que una comunidad de intereses.[6]

5. Prieto, Jesús (2009), «La realidad virtual y la realidad a secas no son la misma cosa». *Insurgente,* 9 de junio. http://www.rebelion.org/noticia.php?id =86717

6. Entrevista a César Rendueles, usuario y colaborador de Wikipedia http://www.pascualserrano.net/noticias/201cla-decision-del-bloqueo-a-rebelion-org-me-parecio-un-absoluto-disparate-lo-que-deberia-ser-neutral-son-los-articulos-de-wikipedia-no-las-fuentes201d/

Lo virtual y lo real

Lo más oportuno es situar las tecnologías, y en especial internet, en su punto preciso. Sin duda la red ha permitido un nivel de información, conectividad y organización que no teníamos antes. Incluso hemos de reconocer que, a pesar de la brecha digital entre pobres y ricos, la llegada de la red ha aportado a la sociedad más elementos igualitarios. Por ejemplo, permite que con un coste mínimo las organizaciones sociales puedan difundir sus propuestas y denuncias al mundo entero, y que —por ahora— los medios de comunicación alternativos, gracias a internet, puedan «jugar en la misma división» que los grandes emporios. Por otro lado, la globalización de la información ha dejado inservibles los intentos de algunos gobiernos de controlar lo que se difunde dentro de sus fronteras. Es lo que sucedió en Italia cuando Silvio Berlusconi logró que ningún medio de su país se atreviese de difundir las fotos de las fiestas en su mansión de Cerdeña. Acabaron publicadas por el diario español *El País* y vistas por todos los italianos[7] gracias a internet.

El problema es cuando la fascinación por la red y las nuevas tecnologías provoca que olvidemos que el mundo virtual no es el mundo real. Las leyes, las guerras, el hambre, la pobreza, la riqueza, todo eso está fuera de los ordenadores. Los movimientos sociales ya existían antes de internet, y los medios alternativos, radios y televisiones comunitarias también. Las nuevas tecnologías nos permiten el acceso a la información por vías más democráticas y participativas que las tradicionales, el error sería que eso produzca la fascinación tecnológica por la cual equiparemos informarnos o informar con movilizarnos y participar.

---

7. «Las fotos vetadas por Berlusconi. *El País,* publica en exclusiva las imágenes censuradas en Italia tras una denuncia del primer ministro». *El País* 4-6-2009, http://www.elpais.com/articulo/internacional/fotos/vetadas/Berlusconi/elpepuint/20090604elpepuint_19/Tes.

Se dice que gracias a la red se pueden convocar y organizar movilizaciones y manifestaciones de forma casi espontánea, y ponen como ejemplo las que se organizaron en España el 11-M tras los atentados en la estación de Atocha. Creo que se exagera. Desde el poder, con un solo dedo, pueden tumbar la red e incluso la cobertura de los teléfonos móviles. El informático que me acompañó en la creación de rebelión.org, Antonio Hernández, ya lo recordó tras la euforia del poder de las nuevas tecnologías después de las movilizaciones tras el 11-M:

> Para que el aparatito (internet, teléfono móvil…) que cada uno tenemos en propiedad pueda funcionar es necesaria la existencia de nodos, estaciones repetidoras y satélites en algunos casos que lleven la información a sus destinos. Semejantes infraestructuras requieren grandes inversiones económicas y ajustarse a condiciones de concesión establecidas por el gobierno. Así, en España como en todo el mundo, los dueños de dichos «puntos sensibles» sólo pueden ser las multinacionales o las estructuras gubernamentales […]. Desde el punto de vista técnico es relativamente sencillo para los dueños de las infraestructuras comunicacionales y para los gobiernos abrir o cerrar el flujo de las informaciones que circulan por ellas donde y cuando quieran. Programas informáticos no muy complejos o la simple colocación en pocos puntos clave de personas de confianza o que no se atrevan a cuestionar las órdenes, puede en escasos minutos bloquear cualquier posibilidad de comunicación basada en estas tecnologías.[8]

Es lo que sucedió en junio de 2009 en Irán tras las manifestaciones después de las elecciones presidenciales, y en Hon-

8. Hernández, Antonio (2004), «El 13-M y la democracia tecnológica». Rebelion. org, 24 de marzo, http://www.rebelion.org/hemeroteca/opinion/040324antonioh.htm

duras después del golpe de Estado de ese mismo mes. No olvidemos que cuando se produjo el golpe de Estado en Venezuela el 11 de abril de 2002 los métodos por los que se organizaron los movimientos sociales para reaccionar exigiendo la reincorporación de Hugo Chávez fueron las tradicionales radios comunitarias[9] y los denominados «motorizados»: los mesajeros en motocicleta y moto-taxis que se podían desplazar con rapidez y discreción en una Caracas colapsada y bajo el toque de queda. Los teléfonos móviles prácticamente fueron inútiles por saturación o sabotaje, e internet también se «cayó».

La capacidad de implantación cotidiana de las nuevas tecnologías, la fascinación de comprobar todo lo que podemos conocer y la satisfacción de descubrir nuestro potencial de difusión puede llevarnos a la parálisis del resto de nuestros ámbitos humanos de organización y compromiso. El modelo dominante lo ha descubierto y no deja de desarrollar modelos de vida virtuales hacia los que derivar nuestras ambiciones, nuestras reivindicaciones y nuestras luchas. Desde los Facebook y Myspace a las campañas de recogidas de firmas por internet o los medios alternativos que pueden generar círculos cerrados de informadores e informados virtuales sin ninguna incidencia social. Así, es fundamental pararnos a pensar qué reflejo tiene en la vida real todo lo que hacemos en la virtual, qué grado de incidencia tienen en la acción política e influencia en el poder político nuestras acciones mediante las nuevas tecnologías. Si sirven para acumular conocimientos que nos permiten vivir cotidianamente de forma más crítica, si lo que difundimos ayuda a crear conciencia y si nuestras acciones

9. José Ignacio López Vigil documenta y relata magistralmente el papel de la radio aquellos días en su libro *Golpe de Radio*. Aler. Caracas, octubre de 2006. Disponible en http://www.radialistas.net/especiales/archivos/Golpe_de_Radio.pdf

sobre un teclado logran cambios sociales o no. Probablemente entonces el resultado sea algo frustrante, lo cual querrá decir, no que abandonemos esas tecnologías, pero sí que debemos hacer un esfuerzo para trasladar sus beneficios a la vida real. Tan irrelevante para el sistema puede ser el ermitaño que se retira del mundanal ruido para vivir en coherencia con sus principios de austeridad y no consumo, como quien no se mueve de su casa y se dedica a propugnar ese ideario a golpe de teclado sin ninguna otra acción organizativa.

La falsa participación

La red ha provocado una eclosión de propuestas de falsa participación que están convirtiéndose en un impresionante sistema de distracción de la movilización, incluso jugando un papel reaccionario al hacer creer a gran parte de la ciudadanía que forma parte de una sociedad organizada y movilizada cuando sólo son individuos con una taza de café escribiendo en un teclado.

Los ejemplos son numerosos. Uno de los que considero más insultantes es la creación de páginas web dedicadas exclusivamente a recoger firmas para todo tipo de campañas. Allí uno puede poner en marcha una iniciativa contra la ampliación de la carretera de circunvalación de su pueblo, en protesta por el uso de sulfatos en las plataneras de Colombia, en apoyo a la investigación de la colitis ulcerosa o la petición de más presupuesto para la educación preescolar en Nigeria. Desde esa página envía a sus amigos y contactos el anuncio para sugerirles que accedan, lean el comunicado o manifiesto y añadan su firma. En cualquiera de esas páginas, cada día se inauguran unas veinte campañas de recogidas de firmas, donde miles de personas creen participar políticamente mediante su adhesión escribiendo su nombre y apellidos. La pregunta que nos podemos hacer es, ¿en qué cambia que firmen una de esas campañas mil personas o cien mil?, ¿acaso eso llega a un ministro o responsable político que condicionará su decisión al número de firmas? El caótico funcionamiento de la red y la euforia por la movilización virtual han llevado a crear cadenas de correos electrónicos en las que se pide la adhesión a una petición al Congreso ante un determinado debate parlamentario para la aprobación de una ley. En muchas ocasiones, han pasado dos años desde el debate y la aprobación de aquella legislación y los internautas siguen enviándose el correo y firmando sin que ninguno maneje la mínima información necesaria para conocer que están pidiendo reformas en la redacción de una ley que hace años que se aprobó. Es el perfecto sistema de distracción política. Mientras un Parlamento debate un asunto, los internautas se creen movilizados porque se pasan iniciativas referidas a lo que se aprobó el año pasado.

Los medios de comunicación también se han apuntado a la creación de aparentes mecanismos de participación. Algunos pueden ser valiosos, pero la gran mayoría son puros mecanismos de distracción. Plantean desde sus webs encuestas para que nos pronunciemos sobre si el acusado del último crimen es culpable o inocente. En otras nos ofrecen varias respuestas opcionales que aparentan pluralidad, pero todas parten de prejuicios comunes. Un medio opositor puede preguntar «¿Se cree usted la bajada del paro que presenta el Gobierno?»,[10] para, de este modo, sembrar la duda sobre las cifras oficiales. Pocos lectores se dan cuenta de que cuando un medio plantea la pregunta o la encuesta del día lo que está haciendo es deslizar su agenda de actualidad y hacernos creer que ese es el tema más importante. Así, el día de un golpe de Estado en Honduras, nos pueden preguntar cuál es el mejor disco de Michael Jackson.

---

10. Pregunta en Libertad Digital. Ver http://www.libertaddigital. com/c.php?op=pregunta&id=2216.

Sólo información

Lo razonable es tener claro que internet es fundamentalmente —y no es poco— un sistema de comunicación e información. Pero además, como todos los sistemas de información actuales, con mucho ruido. Es decir, mucha paja, mucho contenido inútil que puede ser una magnífica forma de sepultar lo valioso. Una cualidad que a buen seguro será explotada cada vez más en el futuro por quienes operan para conseguir una comunidad desinformada. La sobresaturación de información ya se ha demostrado como una de las formas más efectivas para lograr una ciudadanía desinformada. La censura de las dictaduras impedía la difusión de noticias indeseables para el poder, las democracias actuales la sustituyen por información falsa con la que ocultar la verdadera, logrando así una eficacia similar a la de la censura pero evitando la acusación de atentar contra las libertades. Por otro lado, era lógico e inevitable que un sistema que tenía por bandera el igualitarismo para la participación en la red desencadenara un cierto caos y falta de discernimiento entre lo riguroso y lo tóxico. El ejemplo más paradigmático fue el fenómeno Indymedia. Bajo esa denominación se engloba una red mundial de autodenominados Independent Media Centers (Centros de Medios Independientes). Se creó bajo la égida de las incipientes movilizaciones alterglobalización generadas en Seattle en 1999 y la formaban colectivos locales que buscaban una alternativa comunicativa al imperio de los grandes medios de comunicación. Su carácter abierto y democrático suponía que cualquiera, sin ni siquiera identificarse, podía publicar sus textos, manifiestos, agenda de movilizaciones, etc., para, de este modo, terminar con el oligopolio informativo de los grandes medios corporativos. El principio no podía resultar más loable, pero pronto se demostró que esa panacea de participación y democratización suponía que no existían garantías de rigor y veracidad de todo lo que se publicaba. El tiempo acabó demostrando que era más efectivo un medio informativo que tuviese detrás a un colectivo organizado que estableciera un criterio sobre validez y credibilidad antes de publicar.

En realidad hoy internet es como un gran Indymedia, un lugar donde cualquiera puede no sólo opinar sino ofrecer cualquier «información» sin tener que atravesar ningún filtro de veracidad. Un defecto muchas veces magnificado por los popes de la información corporativa que intentan con su crítica privilegiar el valor de sus grandes medios frente a la información más participativa y democrática que circula por internet. Lo que no debe impedirnos reconocer que al caos informativo de la red debemos aplicarle nuestros propios criterios de selección para no terminar sepultados bajo tanta morralla.

Los peligros futuros

A estas «perversiones» de la red como la sobresaturación de información que invalida la más valiosa o la desviación del compromiso social hacia formatos virtuales ineficaces, se pueden añadir otras amenazas.

- Una de ellas es que el desarrollo y avance tecnológico vaya abriendo brechas entre los internautas, como sucedió con la imprenta y la linotipia. Muchos inventos eran más democráticos en sus inicios que en su desarrollo posterior, cuando se les incorporaron mejoras que no estaban al alcance de todos. Por ejemplo, en el siglo XIX un sindicato minoritario podía disponer de una pequeña imprenta, pero es difícil que en la actualidad una organización obrera, con sus propios recursos, pueda elaborar una revista con diseño y calidad competitiva para distribuirla con la misma eficacia que una revista de variedades. Algo similar está sucediendo en internet, hace doce años rebelión.org no tenía nada que envidiar a la página web de los grandes periódicos, pero estos, actualmente, han incorporado diseñadores, vídeos y prestaciones técnicas y estéticas con las que es más difícil competir para un medio alternativo. Por otro lado, los proveedores de internet en el caso de España, con la excusa de los derechos intelectuales, presionan para ofrecer servicios que contemplan conexiones con mucha bajada de datos pero poca subida,[11] es decir, mucha capacidad para recibir información pero poca para difundir, de modo que el uso de internet se parezca cada vez más a la televisión: internautas pasivos que únicamente reciben contenidos, sin ninguna participación. Además, como señalábamos antes, la mejora de la tecnología también facilita la posibilidad técnica de que diversos poderes, si lo desean, nos puedan desconectar de internet.

– Las legislaciones actuales, desde los derechos de autor hasta las relacionadas con las responsabilidades legales de quienes gestionan una página web[12] suponen muchas limitaciones para los que quieren poner en marcha un medio alternativo. En China se pretende instalar en todos los ordenadores un programa que bloquea los sitios pornográficos[13] en internet. Este software funciona de forma que cuando el computador se conecta a la red el programa

11. Martínez, Carlos (2009), «Dos ejemplos de cibercensura». Rebelion.org, 9 de junio, http://www.rebelion.org/noticia.php?id=86737.

12. En el caso español la LSSI (o LSSICE), Ley 34/2002, de 11 de julio de Servicios de la Sociedad de Información y Comercio Electrónico.

13. Afp. «Un filtro antipornografía para cada ordenador personal vendido en China». 8-6-2009, véase http://www.elmundo.es/elmundo/2009/06/08/navegante/1244459112.html.

sincroniza su base de datos de sitios prohibidos con la de un servidor que contendrá los sitios bloqueados por decisión gubernamental.[14] De esta forma, no sólo se podrán bloquear páginas de contenido sexual explícito, sino cualquier otra web que no interese a las autoridades. En Francia, con la excusa de la lucha contra la piratería se está estudiando controlar el correo electrónico.[15]

– La dependencia de la red de cada vez más estructuras de un país convierte en una realidad la amenaza de una «ciberguerra». El asunto va más allá del uso de internet como medio de información, en caso de una guerra cibernética una potencia puede derrumbar todo el sistema comunicacional de un país o región que incluiría, entre otros, su sistema bancario o de comunicaciones aérea, marítima y terrestre. Así, según denunciaba la periodista Rosa Miriam Elizalde, Estados Unidos está desarrollando «el arsenal militar para la intervención de servidores, el espionaje de la red, la compra de mercenarios cibernéticos, el asalto a las legislaciones para criminalizar a los ciudadanos en nombre de la guerra contra el terrorismo, la torcedura de brazo de las compañías de telecomunicaciones y hasta el lanzamiento —en marzo de 2003 en Iraq— de la bomba electrónica, que inhabilita todos los sistemas electrónicos de una sola vez».[16]

---

14. Chao, Loretta (2009), «China Squeezes PC Makers». *The Wall Street Journal.* 8 de junio, http://online.wsj.com/article/SB124440211524192081.html.

15. «Francia abre la puerta al control del e-mail para luchar contra la piratería». *ABC,* 13-7-2009. http://www.abc.es/20090713/medios-redes-web/sarkozy-200907131140.html.

16. Elizalde, Rosa Miriam (2009). «Cibercomando y ciberdisidentes, más de lo mismo». Rebelion.org, 7 de mayo, http://www.rebelion.org/noticia.php?id =84915.

Actitudes y propuestas

Todo lo anterior nos debe llevar a aplicar varias líneas de acción que permitan lograr de internet toda la eficacia necesaria y a la vez paliar todos los elementos negativos que conlleva y que desde muchos sectores se intentan poner en marcha cada vez más.

1. Rechazar todas las iniciativas legales que con la excusa de la lucha antiterrorista o la protección del derecho intelectual pretenden un control mayor del ciberespacio.

2. No abandonar los sistemas tradicionales de organización social, movilización y comunicación. Los encuentros, reuniones y actividades sociales con presencia física en locales comunes nunca podrán ser sustituidos por internet. Una cosa es utilizar una videoconferencia para superar una distancia de tres mil kilómetros, pero nunca hay que abandonar el contacto y la relación personal en nuestro activismo social. Debemos seguir pensando en los actos públicos como puntos de encuentro y conocimiento, las movilizaciones callejeras como métodos de reivindicación, la organización política y social real como vía de intervención en la vida pública. Parafraseando a Paulo Freire, el activismo mediático, como emisor o como receptor, puede servirnos para informarnos, pero como parte de un proceso más amplio que lleva a leer y analizar el mundo con el objetivo de transformarlo. Pensar que todo se puede lograr desde la pantalla del ordenador sería un gran error.

3. En nuestro manejo de la información, cuando ejerzamos de emisores de información es importante aplicar criterios de rigor, veracidad y calidad. Hay que termi-

nar con ese hábito compulsivo de difundir masivamente todo tipo de correos aparentemente amigos que piden firmas, informan de movilizaciones y campañas, convocan acciones o denuncian violaciones si no los hemos contrastado. Es necesario adoptar un uso responsable del correo electrónico para no ser cómplices de la saturación dominante de información y la falta de rigurosidad en muchos contenidos.

4. La prudencia y la desconfianza se deben aplicar a toda la información que recibamos. Igual que los grandes medios tienen intereses perversos en sus líneas informativas, también en la red hay intentos constantes de intoxicación con falsas informaciones, denuncias o reivindicaciones. Las fantasías y las conspiraciones paranoicas están a la orden del día entre la ciudadanía más crítica, lo que termina provocando una gran falta de credibilidad a las verdaderas denuncias. Es importante seleccionar nuestras fuentes de confianza, los autores que nos merecen credibilidad, los medios alternativos que trabajan con seriedad.

5. Aunque hemos aclarado que existen muchos mecanismos para que parezca que estamos participando socialmente a través de la red sin que tengan ninguna eficacia, hay que diferenciarlos de las iniciativas verdaderamente participativas. Es buena idea que podamos hacer nuestra pregunta a un ministro en el foro de internet convocado por un periódico y enviar nuestros escritos y cartas a los medios a través del correo electrónico o incluso en comentarios permitidos al final de algunas noticias. Debemos seguir luchando por abrir verdaderos espacios al activismo social e informativo en internet. Hay que trabajar para combatir que la red reproduzca el dominio elitista y las leyes del

mercado que imperan en los demás medios de comunicación. El activismo de los internautas debe presionar para que el modelo tradicional de información unidireccional compruebe que no es eso lo que desea una comunidad ciudadana que exige espacios y voz propia y no se conforma con la pasividad a la que ha estado condenada hasta ahora. Es hora de que la relación entre medios y ciudadanos deje de ser la de unos sordos que se dirigen a unos mudos. No olvidemos que nuestra participación no debe basarse en la mera declaración de valoraciones y calificativos, para aportar algo debemos ofrecer información, datos y cifras, no solamente opiniones.

6. En el ámbito de la comunicación no debemos sacralizar internet frente a los formatos tradicionales. Radios libres, televisiones comunitarias y pequeñas publicaciones en papel, con mucho más esfuerzo económico y humano, logran romper los límites de difusión de la red que muchas veces no llega a un gran sector de la población. Del mismo modo, no aceptaremos que la fascinación por las nuevas tecnologías se utilice como un mecanismo de seducción política. Es más lógico lo que hace, por ejemplo, el gobierno de Venezuela, que en lugar de destinar grandes fondos a regalar ordenadores a colegios de pueblos donde no existe electricidad, dota de internet gratuito a muchos lugares públicos y reserva la financiación para libros y material escolar para toda la ciudadanía.

V. MOVIMIENTOS SOCIALES Y MEDIOS ALTERNATIVOS*

Siempre han existido los movimientos sociales, es decir, colectivos ciudadanos organizados dedicados a cuestiones político-sociales que tienen como finalidad un cambio social. Por otro lado, aunque ahora parezcan más de actualidad que nunca, hace decenios que operan los medios alternativos. ¿Qué motivo hay para que ambos tengan ahora un mayor protagonismo?, ¿a qué es debido que tantas veces los asociemos?

La razón es que ambos elementos, movimientos sociales y medios alternativos, son la manifestación de una pulsión social que pide participación ciudadana y más protagonismo en un modelo social que no cuenta bastante con los ciudadanos. Es decir, nuestra democracia no dispone de vías institucionalizadas adecuadas de participación, y los ciudadanos deben crear colectivos organizados para presionar por sus objetivos. Al mismo tiempo, nuestros medios de comunicación tradicionales no se perciben como garantes del derecho ciudadano a informar y estar informado.

Pero es que, además, ambos se necesitan. Los movimien-

*Capítulo basado en la conferencia impartida en la «Feria de prácticas políticas y culturales alternativas». Mota del Cuervo (Cuenca). Agosto de 2009.

tos sociales requieren de un sistema comunicacional que proyecte a la colectividad sus reivindicaciones, sus propuestas, sus convocatorias, e incluso, en última instancia, su existencia. Y es evidente que los grandes medios no cumplen esa misión. Además, un medio alternativo —comunitario dirían en América Latina— debe nutrirse, si de verdad quiere ser alternativo al modelo dominante, de una ciudadanía participativa y movilizada. Y no son otra cosa los movimientos sociales.

Mi intención es sugerir de qué forma ambos se pueden retroalimentar, cómo lograr esa sinergia que ayude a que los dos avancen en su objetivo común de enriquecer la participación ciudadana y mejorar las condiciones de una sociedad. Para ello los enfocaremos en unas propuestas a tener en cuenta por los movimientos sociales y otras a considerar por los medios alternativos.

Para los movimientos sociales

1. Estos movimientos deben tener en cuenta que la estructura comunicacional privada dominante nunca aceptará suficientes elementos de participación y democratización. Los medios privados se incardinan en un modelo económico neoliberal, son una parte inseparable de él, lo necesitan para desarrollar su labor empresarial y lo defenderán a toda costa porque su existencia y sus beneficios dependen de la viabilidad de ese modelo. Esto significa que las iniciativas sociales organizadas sólo se tendrán en cuenta en la medida en que coincidan con sus intereses o puedan servirles para proyectar una imagen de compromiso social. Si el movimiento plantea una intervención social que afecte a los principios del modelo económico del que se nutre el medio de comunicación se le ignorará o incluso se le criminilizará. Es el caso de movimientos

okupas, de desobediencia civil a la banca con llamamientos a no pagar hipotecas o de apoyo a movimientos insurgentes en países que sufren dictaduras. También silenciarán a los colectivos que han creado Observatorios de medios que denuncian deficiencias informativas o a los que elaboran informes sobre los abusos de los grandes holdings empresariales que, de alguna manera, tienen un papel importante en la viabilidad empresarial del medio (accionistas, anunciantes, avalistas...).

No señalamos esto para sugerir a los movimientos sociales que descarten a los grandes medios en sus políticas de comunicación, sino para que sepan que nunca encontrarán en ellos instituciones honestas, plurales y rigurosas a la hora de atender las necesidades de difusión de información de una sociedad organizada. Aunque probablemente este comentario ya no sea necesario al hilo de su experiencia.

Por lo tanto, se hace imprescindible que los movimientos sociales vean en los medios alternativos sus aliados naturales, que no olviden que, en realidad, esos medios también son movimientos sociales cuyo objeto de intervención es la información como para otros son la ecología, los derechos humanos o la solidaridad internacional. Debemos considerar a los medios alternativos con el mismo rango o mayor que a los grandes medios, concederles carta de credibilidad y legitimarlos como valiosas alternativas de comunicación participativas y democráticas. Hay que acabar con ese hábito frecuente de decirles «mirad si me podéis publicar este artículo que no me han querido sacar en el periódico X». Los medios alternativos no son medios de segunda, son de primera, porque, aunque reconocemos todas sus deficiencias, poseen el valor de surgir de la iniciativa ciudadana, de no orientarse por el lucro y el negocio, de no dejarse presionar por la publicidad para decidir sus contenidos, de no tener detrás a ningún grupo económico o empresarial, sino pura ciudadanía. Trabajarán bien o mal, acertados o equivocados, con sus conflictos y sus miserias, pero son nuestra sociedad organizada en torno al objetivo de comunicar e informar.

A diferencia de lo que sucede en los medios de comunicación comerciales, sólo atentos a su cuenta de resultados, los medios alternativos los hacemos entre todos. No vale limitarse a aplaudir o quejarse. Debemos alimentarles, rectificarles, presionarles en el buen sentido. Debemos terminar siendo corresponsables de su resultado. Son algo parecido a nuestros líderes vecinales o nuestros concejales, serán honestos y valiosos o sinvergüenzas en función del interés que hayamos puesto en su elección y control democrático. Es frecuente escuchar críticas de muchos ciudadanos hacia un determinado medio alternativo, pero rara es la persona que intenta hacerles llegar esas críticas con el objeto de lograr cambios en ese medio. Esto sucede porque estamos acostumbrados al formato «lentejas» de los medios comerciales: si los quieres, bien, y si no, los dejas. Es muy posible que nuestras sugerencias o propuestas a un medio alternativo tengan mucho valor para sus responsables y que las tengan en cuenta, debemos comunicárselas.

2. Si los movimientos sociales tienen que desenvolverse en condiciones adversas, desde precariedad de recursos técnicos a poca participación ciudadana o falta de fondos económicos, los medios alternativos todavía se manejan en una situación más desesperada. Los pocos recursos públicos que dedican las administraciones a las iniciativas ciudadanas nunca son para los medios

alternativos, ya que su simple existencia amenaza un pilar fundamental del sistema que es el oligopolio de la comunicación para el poder político y económico. ¿Qué intentamos decir con esto? Que en la medida en que desde nuestros movimientos sociales pueden ayudarles en su función de informar nos beneficiaremos todos. Lo hacen hasta las grandes empresas privadas con los grandes medios que, aunque no vivan en la precariedad de los alternativos, su búsqueda de la rentabilidad económica también les lleva a reducir gastos como sea. Por ejemplo, las grandes empresas e instituciones envían sus informaciones a los medios con la forma más parecida a como quieren que se publique. No mandan un balance anual financiero, sino un documento corto, titulado periodísticamente y con estructura de pirámide invertida en su relato. Del mismo modo, una organización de derechos humanos no debe enviar una denuncia con el formato de informe jurídico o el mínimo detalle cronológico de las circunstancias en que asesinaron a determinado líder indígena. Ni una organización política debe enviar la fotocopia del registro de sus diez preguntas parlamentarias. Lo más inteligente es que, desde el propio colectivo social, se elabore lo más parecido a un documento con estructura de noticia. En pocas palabras, dar el trabajo casi hecho a los medios alternativos. En rebelión.org es muy frecuente que no publiquemos una información simplemente porque no disponemos de tiempo ni personas para dedicar media hora a rehacer un documento de una ONG que no se adapta al formato periodístico. Algunas intervenciones públicas valiosas que pensábamos publicar íntegras no las hemos publicado o hemos tardado días sólo porque antes debíamos leerlas con detalle para encontrar un buen, e imprescindible, titular.

3. Los movimientos sociales también pueden plantearse contar con un medio propio para llevar de forma directa a la sociedad sus actividades, principios y valores. Es importante definir si ese medio, por ejemplo un boletín, se crea con objeto de comunicar a los miembros de la asociación entre ellos o para mediar con el resto de la sociedad. En muchas ocasiones no son compatibles ambas intenciones en un mismo proyecto. Al ciudadano normal no le interesa la convocatoria de una asamblea ni los argumentos de las diferentes candidaturas a la junta directiva de la asociación. Y si se destina mucho esfuerzo a un medio monotemático sobre nuestro ámbito de actuación (vecinal, medioambiental, derechos humanos) quizás estemos dirigiéndonos sólo a una población muy específica y abandonando al colectivo ciudadano en general, al cual sí podríamos llegar intentado colocar alguno de nuestros materiales en un medio no especializado.

4. La dinámica de los medios de comunicación y la competitividad entre las ONG para lograr protagonismo y presencia mediática puede pervertir las formas de trabajo. Andrea Gago Menor reflexiona sobra ello[1] cuando observa un titular habitual como «La organización X presenta una exposición sobre la pobreza en el sudeste asiático el martes en la ciudad Y». Gago apunta que esta forma de presentación supone:

> situar reiteradamente a «nuestra organización» como sujeto del mensaje supone trasladar la importancia del «qué» y el «por qué» al «quién»: del «yo organizo» y «yo actúo» podría saltarse al «yo

---

1. Gago Menor, Andrea (2009), «Confusiones, despistes e intenciones de las políticas de comunicación de las ONGD». *Pueblos*, Septiembre. http://www.revistapueblos.org/spip.php?article1730

soy quien mejor trabaja por los derechos de la infancia», «yo soy quien merezco más (¿más donaciones, más subvenciones?), porque yo soy quien más hace por todo esto».

Los movimientos sociales, a medida que van siendo más poderosos y burocratizados, como sucede en las grandes ONG, crean departamentos de comunicación y gabinetes de prensa que:

> funcionan con planteamientos infinitamente más cercanos a lo empresarial que a lo social. En ocasiones se valora más cuántas noticias ha publicado tal periódico, en qué espacio ha salido o qué programa ha invitado a no sé qué cargo de la ONGD, que el contenido en sí.[2]

Como sucede en los partidos políticos (véase el capítulo dedicado a Periodismo y política), muchos colectivos sociales y ONG terminan condicionando sus temáticas, frentes de trabajo y discursos a los resultados mediáticos, en muchas ocasiones porque han delegado en profesionales de la comunicación que no se sienten sensibilizados por la temática social y porque los propios dirigentes de los colectivos han terminado por asumir el liderazgo de su organización social como una lucha contra otras organizaciones por el protagonismo en los medios y la agenda informativa.

El caso de la página web

La web no es la panacea, pero tampoco hay que renunciar a ella. No hace falta que digamos que la oferta de páginas web

---

2. Gago Menor, Andrea (2009), «Confusiones, despistes e intenciones de las políticas de comunicación de las ONGD». Pueblos, Septiembre. http://www.revistapueblos.org/spip.php?article1730

es abrumadora. No debemos obsesionarnos con aumentar las visitas, no debemos dedicarnos a enviar enlaces e invitaciones para que entren, no seamos pesados. Lo que debemos hacer es tenerla actualizada, en ella debe incluirse cualquier material público de nuestro movimiento social. Nunca debe existir una nota de prensa que no esté colgada en la web o un artículo de un miembro representativo de la organización que se haya publicado en la prensa y no se incorpore a nuestra web. El archivo es fundamental, muchas personas cuando están trabajando sobre un tema (desde estudiantes a periodistas) acaban dirigiéndose a páginas de organizaciones cuya información archivada les puede ser de gran utilidad. La página web es una especie de responsable de prensa que trabaja gratis todos los días las 24 horas, unas modestas cifras de acceso no deben disuadirnos de seguir actualizándola, recordemos que es nuestro servicio de prensa más que nuestro medio de comunicación, eso quiere decir que una nota de prensa de nuestra página web quizás la lean sólo treinta personas, pero una de ellas puede ser un periodista que la incluya en un diario con una tirada de cien mil ejemplares.

La página web se debe completar también con un buen archivo de documentación del tipo de legislación y vínculos a otros movimientos afines e instituciones.

Para los medios alternativos

Un medio alternativo será el que nace de la disconformidad con el sistema mediático dominante y tiene por vocación dar la voz a colectivos sociales, ciudadanos y líderes sociales o intelectuales marginados en los grandes medios de comunicación. El medio alternativo es independiente de poderes económicos y políticos y sólo responde ante el colectivo que lo organiza, que nunca condicionará sus contenidos ni su línea editorial por otro principio que no sea el de su ideario propio.

El medio alternativo debe tener como inspiración dar la voz de los movimientos sociales, esa es su principal razón de ser. Lógicamente tiene la autoridad y competencia de definir los niveles de calidad y la línea editorial, pero asumiendo el papel que hemos señalado. Los métodos y formatos para materializar ese servicio de dar la voz a los movimientos sociales pueden ser varios, y según el caso deberá enfrentarse a una forma diferente de organizarse, resolver los conflictos, tomar las decisiones, etc.:

- El medio de comunicación puede nacer de un determinado movimiento asociativo y permanecer ligado orgánicamente a él. Por ejemplo, una revista de la coordinadora de ONG de ayuda al desarrollo. No se trata de un medio que cumple la función de portavoz de una sola asociación, sino de todo un colectivo. En este caso el medio no tiene autonomía propia, sino que depende del órgano colectivo designado por la coordinadora del movimiento social.

- El medio puede ceder parte de su programación a los movimientos sociales. Una radio libre puede construir su parrilla mediante la concesión de tiempos a diferentes colectivos sociales o un periódico espacio en sus páginas. De esta forma encontraremos un programa semanal de radio para una asociación de jubilados, una página mensual para el movimiento ecologista, etc. En este caso, el medio tiene entidad y autonomía propias y delega un parte de su programación a un colectivo social con el que considera que tiene principios en común para que lo gestione con su propio criterio. Esa delegación es temporal y siempre sometida al visto bueno del medio alternativo.

- El medio puede recoger la participación de los movimientos sociales mediante la incorporación a su consejo editorial, asesor o de redacción a representantes de los movimientos. Su trascendencia dependerá de las competencias de dicho consejo, el cual puede ser desde un mero asesor que aporta sus opiniones sin ningún compromiso por parte del medio, hasta que dichas opiniones sean vinculantes y definan los contenidos.

– El medio puede no tener ninguna relación formal con los movimientos sociales, pero estar formado por personas con sensibilidad y talante participativo para recoger en sus contenidos muchas de las informaciones y opiniones procedentes del movimiento asociativo. En este caso el medio mantiene toda su independencia y no se compromete con ninguna línea informativa ni organización. Serán sus contenidos los que demuestren si realmente cumple su compromiso de medio alternativo o no. Es el caso de rebelion.org.

Seguro que las experiencias son tan variadas que cualquiera conoce otra situación mixta o diferente de las señaladas. Por ejemplo, en el año 2009 nació el portal *ekoos.org*,[3] bajo los auspicios de la Fundación Chandra. El objetivo es facilitar al periodista su trabajo al tratar temas sociales. Casi trescientas personas, entre miembros de ONG y movimientos sociales, cooperantes, inmigrantes o expertos en derechos humanos se ofrecen como fuentes de información de primera mano. Según afirman sus creadores «esta idea novedosa propone noticias de contenido humanitario y solidario, y aporta todas las herramientas para profundizar en ellas». Una de sus formas de trabajo es recoger consultas de periodistas que son respondidas por los activistas o responsables de organizaciones sociales. Según la responsable de ekoos.org, Paloma Ortega, «los

---

3. Véase http://www.ekoos.org/es/

periodistas pueden conseguir tanto ideas y temas como las fuentes de información que necesitan para escribir buenas historias y hacer buen periodismo. Al ser una web cuyo objetivo es promover un periodismo comprometido con causas solidarias, predominan las fuentes especializadas en esas temáticas, aunque esas personas pueden proceder tanto del ámbito social (ONG), como académico, de la administración pública o de la empresa».[4]

Como se puede apreciar, el objetivo siempre es cómo fusionar la dinámica del movimiento asociativo con la del medio de comunicación. Hemos señalado que este último tiene que asumir que se debe a la necesidad de ser el portavoz del movimiento asociativo, pero debemos añadir otras cuestiones a destacar.

1. No todos los movimientos sociales son iguales, un grupo neonazi o racista también es un movimiento social. El medio siempre, aunque no lo reconozca, tendrá un perfil editorial e incluso ideológico. Lo que sucede es que ese perfil contemplará un abanico mayor que el de un movimiento social, tanto en lo temático como en lo ideológico. Y esa pluralidad, que es limitada, deberá defenderla frente a las presiones de los movimientos sociales, que siempre buscarán una mayor presencia de su temática y su ideario. Por ejemplo, si un medio se considera de izquierda debe definir desde qué posiciones más moderadas a cuáles más radicales puede hacerse eco.

   El medio puede pensar, o hacernos pensar, que no quiere ser ideológico y que su objetivo no es otro

---

4. Iglesias, Marta (2009), «Noticias sociales para periodistas». *Fusion*, 23 de septiembre. http://www.revistafusion.com/200909231161/ONG-s/ONG-s/noticias-sociales-para-periodistas-ekoosorg.htm.

que dar voz a toda la ciudadanía y movimiento social. Eso es imposible, ¿permitirá que escriba un profesor del instituto de la localidad que sugiera expulsar a los marroquíes? ¿Permitirá un artículo de opinión de alguien que propugne que la protesta contra la usura de la banca justifica el lanzamiento de cócteles molotov contra las sucursales bancarias? ¿O que la crisis económica se pueda enfrentar mediante el robo de productos de alimentación de los supermercados? Se podrá argumentar que sólo recogerán posiciones que cumplan con la ley, pero eso tampoco es una muestra de apoliticismo. Expresarse en las posiciones antes señaladas no es necesariamente una ilegalidad, y sin embargo muchos medios alternativos dudarían en difundirlas, con lo cual estarían definiendo su espectro editorial con criterios políticos. Pero tampoco ese abanico debe ser excesivamente limitado, como sucede en un colectivo organizado, si así fuese, más que un medio de comunicación, sería la herramienta política de un colectivo. Es decir, si todos los artículos de opinión se enmarcan en las ideas del PSOE, del PP o de IU no aportará nada, sólo será el medio, explícito o no, de ese partido. Sin embargo, puede tener un perfil progresista de izquierda y dar cabida desde posiciones socialdemócratas a posiciones de izquierda radical. O puede situarse en un debate centrista donde combinen opiniones moderadas del PP con moderadas del PSOE, dejando fuera a los sectores más radicales de cada partido.

2. Información y neutralidad. Todo lo anterior no impide que la información de los medios alternativos sea plural e informe con equilibrio de, por ejemplo, el desarrollo de un Pleno municipal recogiendo todas las posiciones. Lo que sucede es que la pluralidad, la im-

parcialidad, la objetividad y la neutralidad son utopías imposibles, e incluso algunas veces injustas. Como veremos en el capítulo «El periodista, la objetividad y el compromiso», no se puede ser plural a la hora de presentar a los golpistas de Honduras o a los defensores de su presidente legítimo. La equidistancia puede ser una gran injusticia. En julio de 2009 Amnistía Internacional denunciaba que en los enfrentamientos entre Israel y Hamás durante diciembre de 2008 y enero de 2009, ambos grupos cometieron crímenes de guerra. Esa afirmación es injusta si dejamos para la letra pequeña que los civiles israelíes muertos fueron dos y los palestinos ochocientos. ¿Seríamos neutrales si decimos que en la Alemania nazi o en la Francia ocupada por Hitler los dos bandos cometieron crímenes de guerra? Porque seguro que hubo más de dos civiles alemanes seguidores de Hitler muertos en la Segunda Guerra Mundial. Mi opinión es que el medio debe ser veraz y honesto, todo lo demás se puede replantear. ¿Vamos a dar el mismo espacio a los que denuncian el cambio climático que a los que lo niegan? Si mañana un grupo neonazi de nuestro pueblo apuñala a un inmigrante, ¿dejaremos que cada grupo escriba una columna de opinión para ser plurales? Y si explota una bomba de un grupo armado, ¿dividiremos la sección de opinión entre los partidarios y los detractores?, ¿recogeremos testimonios equilibrados entre los que condenan y los que apoyan? Si un grupo ecologista inicia una campaña para que todos los vecinos vayan a limpiar una laguna, ¿le daremos la misma trascendencia informativa que a un tipo que diga que eso es una estupidez? Los gestores del medio tienen y deben aplicar un criterio editorial, la neutralidad no existe.

3. La calidad. Los responsables del medio son quienes responden de la calidad de los contenidos. Los principios de buena redacción, comprensión de los contenidos o calidad técnica deben imponerse, en general, a los criterios editoriales o a las presiones de los movimientos sociales. El derecho de un movimiento ecologista a protestar por una decisión gubernamental no justifica que su artículo sea incomprensible, no incluya antecedentes o tenga faltas de ortografía. Nos debemos a los movimientos sociales pero también a nuestras audiencias, no somos tablones de anuncios donde los movimientos cuelgan lo que desean, hay que hacer periodismo. Y el periodismo consiste en mejorar un mal artículo de opinión o tirarlo a la papelera. Lo mismo que no llevaríamos a un debate radiofónico a una persona con problemas de dicción por muy representativa que sea del movimiento vecinal. Pero el periodismo también es entender que si es necesario recoger esa posición para hacer un buen medio de comunicación, debemos conseguirla cumpliendo las condiciones de calidad necesarias. La cuestión técnica permite excepciones como todo, por ejemplo una foto o una grabación de mala calidad que muestre un caso de corrupción puede tener un gran valor informativo.

Existen también los casos de medios comerciales o de propiedad estatal que muestran una sensibilidad especial hacia los movimientos sociales, lo que nos induce a ubicarlos en el panorama de medios alternativos. También debemos dedicar algún comentario a ellos.

Medios comerciales
Ese hecho se puede dar porque algún colectivo con ánimo de lucro o algún empresario con una sensibilidad determinada

perciben que existe una viabilidad de negocio que hace compatible una determinada información con la captación de ingresos. Un ejemplo es una revista o una emisora de radio destinada a los inmigrantes que puede lograr publicidad dirigida a esa población. O una revista de línea ecologista que se puede financiar con empresas que anuncian productos o servicios naturistas. En este caso el movimiento social debe intentar acercarse y trabajar de la forma más estrecha posible con los responsables del medio, pero hay que tener en cuenta que estaremos ante una empresa que necesita sanear su cuenta de resultados, que tiene que ser rentable para garantizar su viabilidad y eso le creará unas servidumbres inevitables: destinar espacio a la publicidad, mantener buenas relaciones con instituciones y administraciones que ayudan a la financiación, incluir secciones con un claro objetivo de recaudar fondos (anuncios por palabras, etc.).

Medios públicos

Entre los medios públicos encontraremos todo tipo de posibilidades en cuanto a su vinculación o relación con los movimientos sociales. Desgraciadamente, con demasiada frecuencia no se diferenciarán excesivamente de los comerciales, muchas veces por la inercia de sus profesionales, que son incapaces de percibir otro modelo de referencia que no sea el de los grandes medios: replicarán las noticias de las grandes agencias, en cultura comentarán los libros superventas y las películas más taquilleras, la política local se limitará a hacerse eco de la vida institucional, no buscarán analistas independientes, etc.

Los movimientos sociales tienen el reto de presionar a esos medios públicos para exigirles que realmente cumplan sus compromiso de servicio público. No sólo deben atender a la difusión de las convocatorias e iniciativas de los movimientos sociales, sino que además deben permitir que protagonicen parte de su parrilla en el caso de radios y televisiones, y de espacio en los medios escritos. Una organización ecologista, por ejemplo, debe exigir a un boletín municipal la cesión de un espacio para incluir sus propias informaciones y campañas. Si es necesario, deben garantizar esa participación mediante la vía institucional llevando la propuesta a un pleno municipal, provincial o autonómico. De ese modo dejarán de estar sometidos a la arbitrariedad del gestor o el gobierno de turno.

Vale la pena recordar aquí el denominado derecho de acceso, consagrado en el artículo 20 de la Constitución Española. En él se establece la garantía del acceso a los medios de comunicación social dependientes del Estado a «los grupos sociales y políticos significativos, respetando el pluralismo de la sociedad». Esto es lo que se conoce como derecho de acceso, que implica que los grupos sociales y políticos tengan la oportunidad de dirigirse directamente a la audiencia sin la intervención de los intermediarios que habitualmente seleccionan, elaboran y presentan la información. Este derecho también está recogido en la Ley de la radio y la televisión de titularidad estatal, aprobada en 2006. Dicha Ley, en su artículo 28, establece que «la corporación RTVE asegurará en su programación la expresión de la pluralidad social, ideológica, política y cultural de la sociedad española». Esto se hará, entre otras medidas y según esta ley, «de manera directa, mediante espacios específicos en la radio y la televisión con formatos diversos, tiempos y horarios, fijados por el Consejo de Administración de la Corporación». Este derecho no se aplica, no sólo por falta de interés de las administraciones, sino también porque los grupos sociales no lo exigen.

VI. EL PERIODISTA, LA OBJETIVIDAD Y EL COMPROMISO*

Los teóricos neoliberales centran su análisis sobre la información en la necesidad de elementos como la imparcialidad, la objetividad, la independencia, la neutralidad... Nuestro primer comentario es que no existen esos principios tan laureados en las facultades de comunicación y periodismo. No existen la imparcialidad y la objetividad, como no existen los apolíticos, o quienes afirman defender propuestas o proyectos para el bien de todos. Si las propuestas políticas y sociales no son neutrales ni buenas para todas las personas y todos los intereses, tampoco las informaciones pueden serlo. Si un político reparte la tierra de cultivo, atenta contra el que tiene grandes latifundios. Si destina los recursos sanitarios a todos los ciudadanos, habrá que repartir las camas hospitalarias y disminuirán el número de médicos y recursos destinados exclusivamente a la élite. Y si se incrementa el nivel educativo de todos los habitantes, se acabará con la superioridad académica de una minoría que le permite embaucar o engañar a los iletrados.

El ejemplo más claro de que no existe la neutralidad informativa se evidencia desde el momento en que se elige lo que es noticia.[1] Cuando un periódico selecciona como noticia prin-

---

*Capítulo basado en un artículo de mismo título en *Le Monde Diplomatique*, marzo de 2010.

1. Véase capítulo «Así funciona el modelo» en Serrano, Pascual (2009), *Desinformación. Cómo los medios ocultan el mundo*. Península. Barcelona, junio.

cipal de portada la concesión de un óscar en Hollywood o un informe de Amnistía Internacional, está tomando una posición editorial determinada. Incluso, tras la publicación de informe anual de Amnistía Internacional, destacar como noticia el capítulo de Cuba o el de Colombia, también implica un posicionamiento ideológico. Ya dijo Ryszard Kapuściński que no puede ser corresponsal quien «cree en la objetividad de la información, cuando el único informe posible siempre resulta *personal y provisional*».[2]

El veterano periodista experto en Oriente Medio Robert Fisk criticó ese falso discurso del equilibrio informativo y afirmó en un debate de la BBC que «los periodistas deberíamos estar del lado de quienes sufren. Si habláramos del comercio de esclavos en el siglo XVIII, no le daríamos igualdad de tiempo al capitán del navío de esclavos en nuestros reportes. Si cubriéramos la liberación de un campo de concentración nazi, no le daríamos igualdad de tiempo al vocero de las SS».[3] La periodista estadounidense Amy Goodman, de la televisión alternativa estadounidense Democracy Now,[4] opina de la misma forma: «Ir donde está el silencio. Esa es la responsabilidad de un periodista: dar voz a quien ha sido olvidado, abandonado y golpeado por el poderoso. Es la mejor razón que conozco para portar nuestros bolígrafos, cámaras y micrófonos».[5]

---

2. Ryszard Kapuściński (2002), *Los cínicos no sirven para este oficio. Sobre el buen periodismo*. Anagrama. Barcelona, p. 21.
3. Fisk, Robert (2009), «Tediosas comparaciones sobre Oriente Medio». *La Jornada*. 13 de enero, http://www.jornada.unam.mx/2009/01/13/index. php?section= opinion&article=024a1mun
4. Amy Goodman es presentadora de «Democracy Now!», un noticiero internacional diario de una hora de duración que se emite en más de 550 emisoras de radio y televisión en inglés y en 200 emisoras en español. En 2008 fue distinguida con el «Right Livelihood Award», también conocido como el «Premio Nobel Alternativo», otorgado en el Parlamento Sueco en diciembre.
5. Carolyn McConnell (2005), «Going to Where the Silence Is: Interview with Amy Goodman.» Yes! Primavera, http://www.yesmagazine.org/article. asp?ID=1183

José Ignacio López Vigil ha dedicado toda su vida al periodismo comunitario en América Latina, al lado de la gente pobre y sencilla. Él también reivindica el compromiso frente a las injusticias:

Frente a un panorama tan cruel, ninguna persona sensible, con entrañas, puede permanecer indiferente. Es hora de poner todos nuestros esfuerzos personales, toda nuestra creatividad, para mejorar esta situación. No caben mirones cuando está en juego la vida de la mayoría de nuestros congéneres, incluida la del único planeta donde podemos vivirla.[6]

López Vigil va todavía más lejos:

Ni el arte por el arte, ni la información por la información. Buscamos informar para inconformar, para sacudir las comodidades de aquellos a quienes les sobra y para remover la pasividad de aquellos a quienes les falta. Las noticias, bien trabajadas, aún sin opinión explícita, sensibilizan sobre estos graves problemas y mueven voluntades para resolverlos.[7]

La objetividad y la equidistancia no deben mitificarse, al contrario, son objetos de controversia entre los sectores más honestos de la profesión. López Vigil considera que «el proceso de la información resulta doblemente subjetivo: por el lado de quien emite y por el lado de quien recibe». E ironiza al afirmar que «la objetividad es privilegio de los dioses, no alcanzable por los humanos». Sin embargo, desde las tribunas

---

6. López Vigil, José Ignacio (2005), *Manual urgente para radialistas apasionadas y apasionados.* Ministerio de Información y Comunicación de Venezuela.

7. Ibíd.

de las direcciones de los grandes medios de comunicación no cesan de alardear de objetividad, de ahí la importancia de la siguiente reflexión de López Vigil:

> ¿Debemos renunciar al término objetividad? No. ¿Por qué tendríamos que abandonar un término prestigiado en muchos círculos de prensa y dejarlo, precisamente, en manos de quienes lo manosean tanto y lo respetan tan poco? También el concepto de libertad y democracia son tendenciales, aproximativos, y no tendría sentido prescindir de ellos. Podemos hablar de objetividad informativa siempre que entendamos por ella la honestidad del sujeto informante, siempre que no confundamos objetividad con neutralidad. Nadie es neutral y los periodistas menos. Un periodista sensible a los intereses de las mayorías empobrecidas de nuestros países no puede permanecer imparcial ante eso. Apostamos por un periodismo comprometido con las justas causas de la sociedad civil, sin menoscabar por ello la honestidad intelectual y profesional. Al contrario, generalizándola.[8]

No faltan periodistas jóvenes de última generación que también reniegan del mito de la equidistancia, como Olga Rodríguez, curtida en los conflictos de Oriente Medio: «huyo de la equidistancia porque creo que es una trampa: no se puede tratar igual al que bombardea que al que es bombardeado, al invasor que al invadido, al opresor que al oprimido... Vivimos en un mundo plagado de desigualdades, injusticias y desequilibrios y creo que una de las misiones de los periodistas es buscar que la balanza se equilibre».[9] Decía el poeta español Gabriel Celaya, «maldigo al poeta que no toma partido», y hoy el ensayista esta-

---

8. Ibíd.
9. Muñoz, S. Entrevista en la revista *Paisajes*. Noviembre 2009.

dounidense Howard Zinn, recientemente fallecido, afirma que «no se puede ser neutral viajando en un tren en marcha que se dirige a un despeñadero». Por eso, o se está con una comunicación que oprime o con una comunicación que libera.

El historiador Paul Preston recoge en su libro *Idealistas bajo las balas*, el sentimiento que vivieron los corresponsales de prensa extranjeros destinados en España durante la guerra civil.[10] Valdría la pena que lo leyeran los pudorosos defensores de la imparcialidad y la objetividad. Lo curioso es que la simpatía con la II República Española no procedía de corresponsales rusos o de publicaciones marginales de izquierda, el corresponsal estadounidense Louis Fischer afirmó que «sólo un imbécil desalmado podría no haber comprendido y simpatizado con» la República Española.[11] Según señala Preston, «no se trataba sólo de describir lo que presenciaban. Muchos de ellos reflexionaban sobre las consecuencias que tendría para el resto del mundo lo que sucedía entonces en España. [...] se vieron empujados por la indignación a escribir en favor de la causa republicana, algunos a ejercer presión en sus respectivos países y, en unos pocos casos, a tomar las armas para defender la República». Uno de estos últimos fue el corresponsal del *New York Herald Tribune* Jim Lardner, que murió combatiendo en la batalla del Ebro. Preston deja bien claro que ese activismo no fue «en detrimento de la fidelidad y la sinceridad de su quehacer informativo. De hecho, algunos de los corresponsales más comprometidos redactaron varios de los reportajes de guerra más precisos e imperecederos».[12] Herbert L. Matthews, corresponsal de *The New York Times* lo explicaba así:

10. Preston, Paul (2008), *Idealistas bajo las balas. Corresponsales extranjeros en la guerra de España*. DeBolsillo.
11. Ibíd., p. 15.
12. Ibíd., p. 16 y 17.

Quienes defendimos la causa del gobierno republicano contra la de los nacionales de Franco teníamos razón. A fin de cuentas era la causa de la justicia, la moralidad y la decencia... Todos los que vivimos la Guerra Civil española nos conmovimos y nos dejamos la piel... Siempre me pareció ver falsedad e hipocresía en quienes afirmaban ser imparciales; y locura, cuando no una estupidez rotunda, en los editores y lectores que exigían objetividad o imparcialidad a los corresponsales que escribían sobre la guerra... Al condenar la parcialidad se rechazan los únicos factores que realmente importan: la sinceridad, la comprensión y el rigor.[13]

No era el único que anteponía sus principios. Arthur Koestler, del *News Chronicle*, lo presentaba de esta forma:

Cualquiera que haya vivido el infierno que fue Madrid con el corazón, los nervios, los ojos y el estómago, y luego finja ser objetivo, es un mentiroso. Si los que tienen a su disposición máquinas de imprimir y tinta de imprenta para expresar sus opiniones se mantienen neutrales y objetivos frente a semejante bestialidad, entonces Europa está perdida. En tal caso, más vale que nos sentemos y escondamos la cabeza en la arena hasta que el diablo venga a buscarnos. En tal caso, ha llegado la hora de que la civilización occidental apague las luces.[14]

Todo ello no les impedía reivindicar por encima de todo la verdad, así la defendía Matthews:

13. Citado por Preston, Paul (2008), *Idealistas bajo las balas. Corresponsales extranjeros en la guerra de España.* DeBolsillo, p. 21
14. Arthur Koestler (1937), «Spanish Testament, Victor Gollancz», Londres, p. 177. Citado por Preston, Paul (2008), *Idealistas bajo las balas. Corresponsales extranjeros en la guerra de España.* DeBolsillo, pp. 57 y 58.

La guerra también me enseñó que a largo plazo prevalecerá la verdad. Puede parecer que el periodismo fracasa en su labor cotidiana de suministrar material para la historia, pero la historia no fracasará mientras el periodista escriba la verdad.[15]

Ese trabajo de compromiso, igual que ahora, se desarrollaba ya hace más de setenta años, en clara confrontación con las direcciones de sus medios. Lo recuerda Preston:

Dado que la mayor parte de la prensa de las democracias estaba en manos de la derecha, a los corresponsales pro republicanos les solía resultar más difícil de lo imaginado publicar sus testimonios. Resultaba irónico que una elevada proporción de los mejores periodistas y escritores del mundo apoyaran la República pero, a menudo, tuvieran dificultades para conseguir que su material se publicara tal y como estaba redactado.[16]

La percepción del periodismo como un compromiso con los oprimidos ha inspirado a lo más valioso de nuestra profesión, quienes, a diferencia del hipócrita discurso dominante actual, han reivindicado esa responsabilidad. Desde el cubano Pablo de la Torriente Brau al británico Robert Fisk o el franco-español Ignacio Ramonet. Recordemos que iniciativas tan justas y loables como la creación de un impuesto para las transacciones financieras especulativas (la Tasa Tobin), el apoyo a los Foros Sociales Mundial o el combate al Acuerdo Multinacional de Inversiones (AMI) surgieron en medios de comunicación se-

15. Herbert L. Matthews (1946), *The Education of a Correspondent,* Harcourt Brace, Nueva York, pp. 130-131 y 142-143. Citado por Preston, Paul (2008), *Idealistas bajo las balas. Corresponsales extranjeros en la guerra de España.* DeBolsillo.

16. Preston, Paul (2008), *Idealistas bajo las balas. Corresponsales extranjeros en la guerra de España.* DeBolsillo, p. 20.

rios y rigurosos como *Le Monde Diplomatique*. También lo han entendido así muchos fotoperiodistas profesionales: «Me molestan ciertas etiquetas, como cuando me dicen que soy un periodista solidario. Para mí el periodismo es compromiso»,[17] afirmó el fotógrafo Gervasio Sánchez, Premio Nacional de Fotografía en España. El fotoperiodista todavía va más lejos: «Si yo fuera alguna vez decano de una Facultad de Periodismo eliminaría una palabra: 'objetividad', la quitaría, rechazaría y quemaría».[18] Por su parte, Ryszard Kapuściński se expresaba así:

Me identifico con los «humillados y ofendidos», entre ellos me encuentro a mí mismo. Y deseo que mi voz sirva para hablar de sus intereses. Es que siempre olvidamos que vivimos en un mundo de gente hambrienta, descalza, enferma, sin perspectiva alguna.[19]

Incluso el desarrollo de las tecnologías de la comunicación, según este maestro de periodistas, debería ayudar a desarrollar una mayor preocupación por la humanidad puesto que ahora las diferencias entre el Norte y el Sur forman parte de la cotidianeidad informativa inevitablemente:

La aparición de sistemas de comunicación planetaria ha abierto entre nosotros la necesidad del surgimiento de una sensibilidad planetaria, cosa a la que nuestra cultura no se ha adaptado todavía.[20]

---

17. *Público,* 7-11-2009.
18. Declaraciones a CNN+, 8-11-2009.
19. «Entrevista de Tomasz Brozozowski a Ryszard Kapuściński». Œwiat Literacki, 08-2001. Recogido en Ryszard Kapuściński (2009), *El mundo de hoy. Autorretrato de un reportero.* Anagrama. Barcelona, p. 84.
20. «Entrevista de Weronika Kostyrko y Wojciech Jagielski», *Gazeta Wyborcza,* 16/17-11-1996. Recogido en Ryszard Kapuściński (2004), *El mundo de hoy. Autoretrato de un reportero.* Anagrama. Barcelona. p. 84.

El periodista siempre tendrá la tentación de dejarse llevar por los oropeles palaciegos, bien por razones económicas, por sumisión al poder, o simplemente por la tendencia a considerar más veraz y valiosa la información sólo porque procede de la moqueta y el esplendor de los centros del poder. Pero hay que recordar que tenemos una obligación social, un compromiso, una especie de juramento hipocrático que consiste en sacar a la luz, en informar, sobre tantas y tantas luchas de hombre y mujeres que combaten por su supervivencia y dignidad. Como dice Kapuściński en su obra *El Sha*, debemos reivindicar «las palabras que circulan libremente, palabras clandestinas, rebeldes, palabras que no van vestidas de uniforme de gala, desprovistas del sello oficial». Por eso cuando en una guerra un jefe militar nos anuncie una liberación le preguntaremos a la señora que salió a comprar el pan en la zona recién liberada; mientras el ministro nos esté enseñando el nuevo hospital inaugurado, acercaremos el micrófono al anciano que se encuentra en la sala de espera, y durante la pomposa inauguración de la industria de vanguardia tecnológica interrogaremos al obrero por su paga.

Creo que para ejercer el periodismo, ante todo, hay que ser un buen hombre o una buena mujer: buenos seres humanos. Las malas personas no pueden ser buenos periodistas. Si se es una buena persona se puede intentar comprender a los demás, sus intenciones, su fe, sus intereses, sus dificultades, sus tragedias. Y convertirse, inmediatamente, desde el primer momento, en parte de su destino.[21]

Siempre recordaré mis sensaciones durante mi estancia con simpatizantes de la guerrilla del Ejército Zapatista de

---

21. Ryszard Kapuściński (2002), *Los cínicos no sirven para este oficio. Sobre el buen periodismo.* Anagrama. Barcelona, p. 21.

Liberación Nacional (EZLN) en una comunidad indígena de Chiapas, en el sur de México. Era 1996 y llevaba semanas conviviendo con aquellas mujeres mayas que pasaban toda la jornada cortando maíz, recogiendo leña y cocinando; aquellos niños infestados de parásitos que no habían conocido ni médico ni maestro; y sus padres, que se habían echado a la selva para levantarse en armas al histórico grito de tierra y libertad. Mientras compartía sus frijoles, su barro y sus mosquitos, todos los días nos sobrevolaban los aviones del ejército mexicano intentando ubicar sus campamentos guerrilleros para bombardearles. ¿Qué periodista puede ser tan miserable para ver en esa situación dos fuentes informativas antagónicas sobre las que hay que informar de modo imparcial y neutral?

Tal como sucedió a los periodistas decentes que cubrieron la Guerra Civil en España, es necesario sentir en la piel el destino de los desfavorecidos para comprender cuál es el lugar del periodista. Lo pude comprobar en 1992 en El Salvador, emitiendo desde aquella mítica Radio Venceremos, la voz de la guerra del Frente Farabundo Martí de Liberación Nacional (FMLN), hombres y mujeres que entendían el periodismo como una lucha por la justicia social de su pueblo.

> El verdadero periodismo es intencional, a saber: aquel que se fija un objetivo y que intenta provocar algún tipo de cambio. No hay otro periodismo posible. Hablo, obviamente, del buen periodista. Si leéis los escritos de los mejores periodistas —las obras de Mark Twain, de Ernest Hemingway, de Gabriel García Márquez—, comprobaréis que se trata siempre de periodismo intencional.[22]

---

22. Ibíd., pp. 38 y 39.

Es importante no olvidar esto y no dejarnos llevar por la superficialidad. Recuerdo una dura discusión con el cronista cubano Lisandro Otero, en el año 2007, durante la invasión de Iraq. Gran detallista de la lengua, este Premio Nacional de Literatura cubano defendía la necesidad de escribir Iraq con «k», frente a mi posición como editor de rebelion.org de hacerlo con «q». Le hice llegar el criterio de la Real Academia Española a favor de la «q», incluso la respuesta de la institución a una consulta de la agencia Efe. En un arrebato de orgullo, pero también de compromiso, zanjó bruscamente la discusión diciendo «dejémonos de tonterías, Irak se escribe con sangre, la sangre de un pueblo que está siendo masacrado por Estados Unidos». Con ese exabrupto me estaba diciendo que no podíamos convertir el periodismo de la guerra de Iraq en una discusión ortográfica porque, antes que nada, se trataba de un genocidio.

El discurso de la neutralidad se utiliza inteligentemente desde los medios de comunicación neoliberales. Basta con observar los nombres con los que gustan denominarse en sus cabeceras: *El Imparcial, Informaciones, ABC, La Nación, El Mundo, El País, La Razón.* Todos son asépticos y neutrales, como desean que creamos que son sus contenidos. Su celo por aparentar ausencia de ideología les lleva incluso a prohibir a sus periodistas que tengan ideas hasta fuera de la redacción, en su vida privada. En septiembre de 2009 se supo que el diario estadounidense *The Washington Post* entregó una guía a los periodistas de su plantillas donde les advertía cómo tenían que comportarse en redes sociales como Facebook o Twitter.[23] Entre las medidas se encontraba que, con objeto de «no poner en

---

23. *Europa Press.* «The Washington Post advierte a sus periodistas de 'los peligros' de escribir en Facebook y Twitter». *Público,* 28-9-2009, http://www.publico.es/ciencias/255966/the/washington/post/advierte/periodistas/peligros/escribir/facebook/twitter

duda» con sus opiniones «la imparcialidad» de las noticias del periódico, no debían escribir o subir ninguna imagen que pudiera sugerir que tenían algún prejuicio político, racista, de género o religioso. Sin duda, prejuicio racista o de género es indeseable, pero prejuicio político quiere decir tener alguna ideología, se trataba de prohibir a su personal, incluso en su ámbito privado, expresarse o posicionarse políticamente. No es que proscribieran una determinada ideología, sino que se las prohibían todas a sus trabajadores para aparentar una neutralidad de modo que el periódico se pueda presentar como imparcial. Así, los profesionales de izquierda nunca podrán expresar sus ideas políticas, ni fuera del periódico, y los de derechas deberán disimularlas para que el periódico siempre pueda hacernos creer que es neutral.

La ciudadanía se indigna ante cualquier intento de dirigismo político e ideológico. Conocedores de eso, la estrategia actual de los medios es disimular a toda costa la intencionalidad para que pase inadvertida a las audiencias y pueda ser efectiva. El objetivo es proporcionar (u ocultar) al lector, oyente o espectador determinados elementos de contexto, antecedentes, silenciamientos o métodos discursivos (en el caso de los medios audiovisuales las posibilidades son infinitas) para que llegue a una conclusión y posición ideológica determinadas, pero con la percepción que es el resultado de su capacidad deductiva y no del dirigismo del medio de comunicación. De ahí la importancia de denunciar las falsas objetividades y neutralidades para dignificar un periodismo de principios y valores.

Los grandes medios comerciales hablan de neutralidad periodística mientras tienen periodistas empotrados entre las filas del ejército estadounidense en Iraq, de pluralidad informativa cuando sus redactores no salen de la sala de prensa de la Casa Blanca y nunca han visitado un suburbio de Washington o Nueva York, de imparcialidad mientras siguen estigmatizando en sus informaciones a los gobiernos que cometen el delito de recuperar sus recursos naturales de las manos de transnacionales. Alardean de objetividad, pero sus páginas y espacios informativos se reservan al oropel, el lujo y el glamour de famosos y grandes fortunas que identifican de esta forma como modelos a admirar. Detrás de su aparente neutralidad se deslizan acusaciones de terrorismo a movimientos de liberación que se enfrentan a regímenes dictatoriales, mientras que ocultan ese mismo terrorismo cuando los responsables son de su simpatía y las víctimas no son de su entorno. Aducen imparcialidad mientras silencian informaciones sin duda trascendentes, como la campaña de gobiernos latinoamericanos como Cuba y Venezuela que devolvieron la vista a ¡un millón! de pobres que tenían problemas oftalmológicos. La obsesión de aparentar neutralidad fue denunciada por el periodista Robert Fisk.[24] Mostraba el ejemplo de cómo presentaban los medios el genocidio armenio:

> Hostilidad que proviene de las matanzas de armenios por parte de los turcos otomanos en la Primera Guerra Mundial. Armenia dice que fue un genocidio, mientras que los turcos rechazan ese término. (*Reuters*)[25]

> Armenia y muchos historiadores dicen que los turcos otomanos perpetraron un genocidio contra los armenios durante el siglo pasado, si bien los turcos niegan dicha acusación. (*Ap*)[26]

Indignado ante ese tratamiento informativo que pretende hacer un periodismo equidistante renunciando a informar de la realidad, Fisk afirma:

---

24. Fisk, Robert (2009), «La verdad que ocultan los titulares». *Público*, 21 de noviembre.

25. *Reuters*, 13-10-2009.

26. Associated Press, 14-10-2009.

¿Se imaginan las protestas si *Reuters* se refiriese a las masacres de judíos por parte de los alemanes con las siguientes palabras?: «Los judíos dicen que fue un genocidio, mientras que los alemanes de derechas y los neonazis rechazan dicho término». O si *AP* informara de que «Israel y muchos historiadores dicen que los nazis alemanes perpetraron un genocidio contra los judíos durante la Segunda Guerra Mundial, si bien los alemanes de derecha niegan dicho cargo (sic)».

Detrás de la obsesión de los medios comerciales por aparentar neutralidad, en muchas ocasiones existe una militancia política fácil de descubrir. No es verdad que los medios de comunicación comerciales sean soportes neutrales de información. Ellos militan y hacen apología de un modelo económico concreto en el que se desenvuelven y del que obtienen beneficios, bien para su propia empresa o para la casa matriz accionista. Durante la situación de crisis económica que sacudía a España en 2009, la ciudadanía se volcó en el consumo de los productos denominados de gama blanca, esos que no tienen una marca concreta y son más económicos porque, entre sus sistemas de abaratamiento se encuentra el no destinar dinero a la publicidad. Esa situación inquietó a las cadenas de televisión que veían una amenaza para las empresas de productos de marca que eran sus principales anunciantes, de modo que las cadenas españolas Cuatro y Tele5 elaboraron y emitieron cuñas publicitarias dirigidas a sus audiencias, donde los estimulaban a comprar productos de firma: «¿Acaso cabe imaginar un mundo sin identidad? La marca es identidad, diversidad, color. La marca es libertad» (Tele5) y «Vivimos un presente oscuro, pero tenemos esperanza. Sentimos pasión por lo que hacemos y el cielo sigue siendo azul. No te quedes en blanco y sigue eligiendo las marcas en las que confías» (Cuatro). Es importante precisar que no se trataba de publicidad elaborada y pagada por las firmas comerciales, sino de producción de las propias cadenas de televisión y emitida por su cuenta. El portavoz de Sogecable, la empresa de Cuatro, afirmó que «la cadena asume esas ideas porque somos fieles escuderos de nuestras marcas y el concepto de marca blanca entraña cierta agresión».[27] Es toda una declaración de principios que muestra la parcialidad de los medios de comunicación privados y su clara militancia a favor de un modelo político y económico. Son «escuderos» del capitalismo y hasta la mera presencia de productos sin firma comercial es considerada por ellos una «agresión». Imposible esperar, por tanto, una mínima pluralidad o neutralidad para acoger propuestas o iniciativas enfrentadas al modelo económico dominante. Lo dejó bien claro el representante de la Unión de Televisiones Comerciales Asociadas (UTECA). A la pregunta sobre fórmulas y modelos de futuro de la televisión, responde que «cualquier modalidad que sea capaz de aportar un ingreso será lógicamente positiva».[28] O dicho de otra manera, todo lo que dé dinero sirve. Su principio ideológico es el mercado.

Frente a ello, no se trata de que desde el compromiso del periodista el periodismo se convierta en panfleto, ya hemos comentado que la ciudadanía rechaza los intentos de un periodismo militante que no aporta rigor ni información contrastada y sólo incluye ideología. Lo que reivindicamos es la recuperación de la dignidad y el servicio a la comunidad, a la justicia social, a la soberanía de los pueblos y a las libertades. No será periodismo si no se hace así, como no es medicina curar sólo a quienes tienen dinero para pagarla. No se debe confundir periodismo comprometido con servir incondicionalmente a un partido político o a un gobierno con el que se simpatiza. El compromiso es con unos principios y unos valo-

---

27. *El País*, 13-5-2009.
28. *Público*, 18-10-2009.

res no con unas siglas o un determinado órgano de poder. Y, sobre todo, dar la voz a quienes tantas veces tiene vetado el acceso a los medios de comunicación. La escritora Elena Poniatowska en su libro *La noche de Tlatelolco*,[29] recogió la masacre de cientos de estudiantes que protestaban en la plaza de ese mismo nombre, en la ciudad de México, el 2 de octubre de 1968. Para ello se dedicó a transcribir textualmente los testimonios de los afectados y ordenados cronológicamente. Cada uno de ellos explica de manera personal las causas del movimiento y su opinión desde su particular punto de vista; más adelante y de la misma manera están escritos los testimonios que narran cómo iban sucediendo los acontecimientos. Hay relatos de madres, padres, obreros, profesores, empleados, soldados, hombres de Estado, hermanos, primos y amigos de los fallecidos, también están algunos testimonios del ejército, de políticos o de maestros. Sin duda se trata de un periodismo incompleto, hay elementos y datos que no se pueden ofrecer mediante testimonios, pero es un ejercicio magnífico de dar la voz a la gente.

En muchos foros los profesionales insisten en que su capacidad de maniobra para practicar un periodismo comprometido con valores distintos de los impuestos por el mercado es muy limitada. Es verdad, pero es imprescindible que todo periodista ponga al servicio de esos ideales sus conocimientos y su trabajo si quiere que la decencia sea emblema e insignia de su vida y su profesión, y probablemente deba ser fuera de su puesto de trabajo en un medio de comunicación comercial. No se trata de militancia, sino de decencia. La decencia es lo que diferencia al biólogo que trabaja para una gran empresa de transgénicos o para una organización ecologista, al abogado que defiende los intereses de una multinacional o los

---

29. Poniatowska, Elena (2007), *La noche de Tlatelolco.* Editorial Era.

de los trabajadores que exigen un sueldo justo, al militar que dispara contra el pueblo refugiándose en órdenes de superiores o al que combate al lado de la gente. Ninguno de ellos puede ser neutral, ni imparcial, ni objetivo. El reto es cómo resolver el dilema ético del periodista que trabaja para una gran empresa de comunicación donde no puede poner en práctica un periodismo de principios, pero al mismo tiempo el sistema laboral y económico en que se desenvuelve no le ofrece ninguna alternativa. Indiscutiblemente no hay solución fácil, no podemos decir a todos los periodistas que abandonen su puesto de trabajo si observan que no se desarrollan con absoluta libertad periodística porque quizás sólo conseguiríamos llenar las calles de miles de indigentes y mendigos. Una alternativa puede ser hacerles comprender que esa frecuente incompatibilidad entre opción laboral y periodismo digno es el origen de una deuda social que tienen con la comunidad. A ella le deben parte de su trabajo y talento para dedicarlo a un periodismo que no esté al servicio del mercado y sí comprometido con proyectos de cambio y mejora social. Los movimientos sociales, los sindicatos, las organizaciones comunitarias, los precarios medios alternativos necesitan profesionales comprometidos con otro modelo de periodismo, humanista, social, que apueste por otro orden social más justo. Seguro que allí tienen mucho que aportar fuera de su horario laboral. La sociedad y la dignidad de la profesión se lo agradecerán.

VII. MEDIOS PÚBLICOS Y PRIVADOS, ROMPIENDO TÓPICOS

En los tradicionales regímenes dictatoriales, medio de comunicación de propiedad estatal era sinónimo de control por parte del aparato militar y represor. La verdad, la denuncia y la crítica sólo podían venir de medios no estatales que eran perseguidos y reprimidos. El modelo actual de democracia representativa, con todos sus defectos, ha variado esa situación, el Estado deja de ser el ente represor para convertirse, o debería convertirse, en el legítimo delegado de la sociedad civil organizada. En democracia, los legisladores y gobernantes son nuestros representantes; las leyes, las que desea el pueblo y su justicia, la que aplica la legislación aprobada por los representantes públicos. No hay legítimos legisladores, leyes ni jueces fuera del Estado democrático, aunque sí grupos sociales representativos a tener en cuenta. Por tanto, y volviendo a los medios, es —o debería ser— el Estado el garante de los valores de pluralidad, democracia y participación en los medios de comunicación. En realidad, no se trata de otra cosa diferente de lo que sucede con otros servicios y derechos, como la sanidad o la educación. Estamos convencidos de que sólo un Estado social y de derecho podrá garantizar asistencia médica a quienes no tengan recursos y educación digna a todos los ciudadanos, algo que sabemos no hará nunca la sanidad privada o los colegios privados, planteados con el objetivo de lograr beneficios. De la misma forma, un sistema comunicacional basado en la empresa y el mercado tampoco podrá garantizar el derecho ciudadano a informar y a estar informado. La interpretación torticera del concepto de libertad de expresión reservado para el privilegio de los medios privados es una de las falacias a combatir, en realidad lo que reivindican es el derecho a la censura, es decir, a ser ellos quienes eligen lo que se difunde o no.

El discurso dominante tiende a calificar de forma constante a los medios privados de independientes y a los públicos de oficialistas, hasta el punto de que se ha convertido en una terminología generalizada. Incluso periodistas de medios públicos, que defenderían su independencia ante cualquier acusación, utilizan esas definiciones al referirse a los medios públicos de otro país. Así escuchamos a un corresponsal de TVE en La Habana hablar de la «televisión oficial cubana»,[1] cuando no aceptaría que a él le llamasen periodista de la «televisión oficial española». Hay numerosos ejemplos que demuestran que muchos medios públicos y muchos de sus profesionales no son oficialistas de forma sistemática. Quizás uno de los más elocuentes fue lo que sucedió en marzo de 2009 cuando, días después de que el Papa Benedicto XVI declarara que el uso del condón «aumenta el problema» del sida, el diario de la Santa Sede, *LOsservatore Romano*, publicaba un estudio en el que se reconocía que, especialmente en África, los preservativos «son eficaces contra la infección». En su edición semanal, el rotativo vaticano incluía una entrevista a Daniel Giusti, médico y misionero, quien reconocía el papel del preservativo en la pre-

---

1. TVE 14-4-2009. En el telediario de TVE1 conectaron en directo con su corresponsal en La Habana. Cuando le preguntaron desde Madrid cuál era la reacción en Cuba a las medidas de Obama sobre remesas y viajes, respondió que «apenas una referencia en la televisión oficial cubana».

vención de la enfermedad[2]. Se trataba de una muestra de independencia periodística de un medio público en uno de los países más férreamente controlados, política e ideológicamente, por su gobierno.

Es bueno recordar que el 77 % de los británicos, que no se caracterizan precisamente por la defensa del intervencionismo estatal, considera a la BBC, su canal público de televisión, como una institución de la que pueden sentirse orgullosos. Los 153 euros que cada ciudadano paga gustosamente de tasa anual por tener televisor permitirán que la cadena pública cierre el año 2009 con unos beneficios de 100 millones de euros.[3]

Durante los días 28 y 29 de mayo de 2009 en Caracas se celebraron dos eventos intelectuales de ideologías opuestas. Por un lado el «Encuentro Internacional Libertad y Democracia: el Desafío Latinoamericano», organizado por el Centro de Divulgación del Conocimiento Económico para Libertad (Cedice). Todos los invitados tienen un claro perfil neoliberal, entre los ponentes estaban Mario Vargas Llosa, Enrique Krauze y Jorge Castañeda, conocidos defensores del liberalismo y enemigos activos del presidente venezolano y de cualquier otro líder que haya expresado simpatía por él. Por la otra parte, el Ministerio del Poder Popular para la Cultura congregó en otro evento a trabajadores de la cultura críticos con el mercado y defensores de las propuestas progresistas y socialistas para la humanidad. Los medios privados venezolanos se volcaron en la cobertura del primer encuentro e ignoraron el segundo. Incluso en el encuentro de Cedice se censuró a la representante del canal del Estado, *Venezolana de Televisión*,[4] cuando intentó formular una pregunta al escritor

2. *Público*, 26-3-2009, http://www.publico.es/espana/213023/condon/recibe/apoyos/propia/santa/sede.

3. Sáenz de Ugarte, Iñigo. *Público*, 12-10-2009.

4. Aprendiendo sobre «libertad y democracia» en el evento de Cedice. Yvke Mundial, 30-5-2009. http://www.radiomundial.com.ve/yvke/noticia.php?25487.

peruano Vargas Llosa. Gracias al desarrollo de los medios de comunicación públicos en Venezuela se pudieron conocer las posiciones del segundo grupo, los intelectuales críticos con el mercado. De modo que, al contrario de lo que afirman quienes acusan al gobierno de Hugo Chávez de controlar la prensa de su país, han sido las políticas públicas las que han permitido que exista pluralidad en la información de lo que sucede en Venezuela, algo que recordaba el antropólogo mexicano Gilberto López y Rivas:

> Lo novedoso del caso es que a diferencia de hace unos años en que la oligarquía venezolana detentaba el monopolio de los medios de comunicación, actualmente a través de los espacios de radio-televisión gubernamentales, alternativos y comunitarios abiertos por el gobierno de Chávez, se dejó sentir de manera notable la participación de la intelectualidad de izquierdas.[5]

Es verdad que los intentos de los gobernantes y sus partidos de controlar los medios públicos son un problema que está a la orden del día, pero la alternativa será establecer mecanismos e instituciones que impidan ese control y métodos que garanticen la independencia y profesionalidad de periodistas y directivos. Aunque no lo parezca, hay varios ejemplos que muestran experiencias de mayor independencia de los medios públicos frente a los gobiernos que de los privados frente a sus dueños. El 30 de julio de 2009 se produjo en España una curiosa anécdota televisiva. Ese día fue noticia la amenaza del responsable de prensa del Ministerio de Trabajo a un periodista de TVE. Tras una rueda de prensa del ministro, el funcio-

---

5. López y Rivas, Gilberto (2009). «De intelectuales, sicarios mediáticos y revoluciones». *La Jornada,* 12 de junio, http://www.jornada.unam.mx/2009/06/12/index.php?section=opinion&article=024a2pol.

nario encargado de las relaciones de esa cartera con los medios, indignado con un redactor de Televisión Española que insistía en preguntar al ministro, le espetó: «voy a quejarme porque lo has hecho muy mal. Es más, voy a pedir (sic) quién eres para evitar que vengas a este ministerio en la medida de lo posible». Muchas críticas señalaron que lo sucedido era una prueba del «partidismo de los medios públicos a favor del gobierno», una vez más se demostraba que la televisión pública, y por extensión los medios del Estado, están bajo el control del gobierno de turno, que se podía permitir vetar a un periodista porque no era de su gusto. Quienes hacen esa acusación olvidan que quien difundió las imágenes de las presiones gubernamentales fue el propio medio público, Televisión Española, lo que, en mi opinión, constituye la mejor prueba de que no aceptaron la presión y la denunciaron. Supongamos una situación parecida que tenga como protagonista al dueño de una televisión privada y a un periodista de esa televisión. Seguro que no nos imaginamos la difusión en Cuatro de una presión similar de la familia Polanco a un periodista de esa cadena, o en Antena 3 una presión de la familia Lara.

El caso italiano puede ser un buen objeto de estudio. En ese país, el primer ministro Silvio Berlusconi es propietario del Grupo Mediaset, que incluye las cadenas televisivas Rete Quattro, Italia Uno y Canale Cinque. También su familia es dueña del diario *Il Giornale* y del grupo editorial Mondadori, que cuenta con más de 50 sociedades controladas o participadas, entre ellas editoriales de libros y cuarenta publicaciones, como el semanal *Panorama*. Es indiscutible que Berlusconi llegó al poder gracias a la formidable plataforma que le brindan todos sus medios de comunicación. Sus televisiones y periódicos muestran un apoyo incondicional a su política y en su editorial de libros llegaron incluso a vetar al premio Nobel de Literatura José Saramago por sus críticas, que hasta entonces siempre publicó sus libros en Italia con la editorial Einaudi, propiedad de Silvio Berlusconi.[6] Si bien Canale Cinque intenta aparentar cierta independencia en su línea informativa, la realidad es que las tres se caracterizan por su apoyo incondicional al dueño, es decir, Berlusconi. Al mismo tiempo, el Estado italiano es propietario de las cadenas RAI1, RAI2 y RAI3. Aunque la calidad de estas televisiones ha bajado mucho durante los gobiernos de Berlusconi con el objetivo de conseguir que las audiencias emigren a los canales del primer ministro, su nivel de incondicionalidad política con el gobierno es menor que en las privadas de Berlusconi. Incluso RAI3 mantiene un mayor perfil de izquierdas, en virtud de un acuerdo histórico de reparto de líneas editoriales entre los tres canales públicos. Esto es posible porque existe una comisión de vigilancia parlamentaria que nombra a siete consejeros de los nueve que integran el consejo de la televisión pública italiana.

Aunque con tres meses de retraso, la primera televisión que entrevistó a la prostituta de lujo Patrizia D'Addario, quien destapó las fiestas en la mansión del primer ministro fue, ante la indignación de Berlusconi, la RAI 2 el 1 de octubre de 2009. Todos los intentos de Il Cavaliere para conseguir que esa entrevista no se realizase en la televisión pública fueron inútiles. Desde las críticas en los periódicos de su propiedad durante toda la semana previa a la emisión, hasta los estudios jurídicos que realizaron sus abogados, que terminaron reconociendo que no existía forma legal de que el primer ministro pudiese impedir el programa. Sólo quedaba la opción de una demanda *a posteriori*, e incluso barajaron solicitar a la televisión pública italiana una indemnización de 20 millones por atentar contra la intimidad del primer ministro. Sin embargo, las televisio-

---

6. «La editorial de Berlusconi veta el último libro de Saramago por las críticas contra él». *El País*, 29-5-2009, http://www.elpais.com/articulo/internacional/editorial/Berlusconi/veta/ultimo/libro/Saramago/criticas/elpepucul/20090529elpepuint_7/Tes.

nes de Berlusconi, que según la terminología dominante habría que calificar de «independientes», ignoraron sistemáticamente los escándalos eróticos del primer ministro. Es evidente que si un profesional de esas televisiones hubiera tenido la intención de informar adecuadamente de las fiestas en la mansión de Berlusconi con dinero público no habría durado un minuto en su puesto trabajo. La política de agresión del primer ministro italiano a los medios de comunicación sólo tuvo respuesta y contestación en los medios públicos, no en los privados de su propiedad. Esto significa que existe más margen de resistencia en el ámbito público que en las empresas privadas, en estas últimas hasta se da por supuesto que hay que aceptar las órdenes de los propietarios. Incluso el diario español *El Mundo*, de perfil netamente neoliberal, consideró normal que los medios de Berlusconi silenciaran la entrevista más que los públicos:

> En las tres cadenas propiedad de Berlusconi, y por motivos evidentes, las informaciones respecto a los escándalos erótico-festivos del primer ministro han sido ignoradas descaradamente. Y los telediarios de cadena pública RAI 1, controlada tradicionalmente por el Gobierno y la principal fuente de información para el 70% de los italianos, han dado la noticia, pero nunca de manera completa, con omisiones escandalosas y demoras inauditas.[7]

En España también se intenta hacer un control plural y democrático de RTVE. Según la legislación, las Cortes Generales elegirán a los doce miembros que integran el Consejo de Administración de la Corporación RTVE, dos de ellos a pro-

---

7. Hernández Velasco, Irene (2009), «La prostituta Patrizia D'Addario por fin es noticia para la televisión italiana». *El Mundo,* 2 de octubre, http://www.elmundo. es/elmundo/2009/10/02/comunicacion/1254473710.html.

puesta de los dos sindicatos más representativos de la corporación. Otro elemento de participación pública de nuestra televisión pública es la existencia del denominado «derecho de acceso», consagrado en la Constitución, que establece que los medios públicos deben reservar parte de su programación para contenidos propuestos por partidos políticos, movimientos sociales o sindicatos. Es verdad que no se pone suficientemente en práctica, algo que debemos denunciar; pero donde esto no se hará nunca, porque no existe ninguna garantía legal que lo establezca, es en los medios privados.

Volviendo al caso italiano, se observa que el objetivo de Berlusconi no es lograr televisiones públicas al servicio de un gobierno, sino reducirlas al mínimo para que sean las privadas las que tengan el poder y cumplan la función de lealtad gubernamental. De hecho, Berlusconi se ha permitido hacer llamamientos a los ciudadanos para que no paguen el impuesto con el que se financian las televisiones públicas, y en la versión digital del diario de su hermano, *Il Giornale*, se insertaban *banners* publicitarios de la campaña «RAI. Basta canone». Al mismo tiempo, en el verano de 2009, el primer ministro invitaba a los jóvenes empresarios a no anunciarse en los medios «derrotistas».[8] Y parece que dio resultado porque Sipra, la empresa que gestiona la publicidad de la RAI, perderá el 22,9% de ingresos; mientras que Publitalia, la empresa publicitaria de Mediaset, sólo perderá el 9%. 120 millones de euros que iban al mercado publicitario de la RAI pasarán a manos de Publitalia.[9] Il Cavaliere tiene más métodos para dinamitar la televisión pública. La periodista Milena Gabanelli, directora de Report, uno de los mejores programas de investigación

8. Larrabeiti, Gorka (2009). «Un grito contra la videocracia de Berlusconi». Rebelion.org, 4 de octubre, http://www.rebelion.org/noticia.php?id=92658

9. *La Repubblica*, 29-9-2009, http://www.repubblica.it/2009/09/sezioni/politica/rai4/pubblicita-tv/pubblicita-tv.html

periodística de la RAI, denunció en una carta al *Corriere della Sera* una situación gravísima: Mientras tenía 30 causas judiciales abiertas contra su programa, la RAI le amenazaba con quitarle la tutela legal.[10] Sólo una compañía de seguros inglesa y una estadounidense se manifestaron dispuestas a resarcir daños, pero no las costas judiciales. ¿Cómo puede seguir haciendo su programa si nadie la tutela?, se preguntaba el analista Gorka Larrabeiti en rebelion.org.[11]

El hecho es que el formato moderno de control de los medios por parte de un gobierno abusivo no consiste en dominar los contenidos de una televisión pública, sino en desmantelarla para apostar por unas privadas más manipulables, puesto que no existe lugar para el control ciudadano. El estereotipo de un gobierno autoritario que quiere tener unos medios estatales a su servicio forma parte del pasado. En Honduras, cuando los golpistas derrocaron a Manuel Zelaya y tomaron el poder en junio de 2009 cerraron el canal público de televisión, Canal 8, y en agosto anunciaron que el Estado lo abandonaba y entregaría la frecuencia radioeléctrica que ocupaba al empresario Elías Asfura. Eso confirma que la empresa privada se considera más adecuada para custodiar los intereses mediáticos de un gobierno golpista neoliberal. Si el canal continuase siendo público, se correría el riesgo de que un cambio hacia un gobierno más democrático permitiese recobrar el espíritu de interés público en el canal estatal. Privatizándolo de forma definitiva ya queda al servicio del mercado y del neoliberalismo. En Nicaragua, los gobiernos neoliberales que siguieron a la primera etapa sandinista durante el período

---

10. «Ho una trentina di cause. E non riesco ad avere una polizza per le spese legali». *Corriere della Sera*, 29-10-2009, http://www.corriere.it/cronache/09_settembre_29/lettera-gabanelli-milena-gabanelli_9d055306-acbd-11de-a07d-00144f02aabc.shtml.

11. Larrabeiti, Gorka (2009). «Un grito contra la videocracia de Berlusconi». Rebelion.org, 4 de octubre, http://www.rebelion.org/noticia.php?id=92658.

1990-2006 no pudieron privatizar la televisión pública porque la Constitución lo impedía, pero la desmantelaron y desconectaron la señal, quedando sólo la propiedad pública de ese espacio radioeléctrico. Mientras los voceros neoliberales se escandalizan por la existencia de medios de comunicación públicos y presentan a los privados como «independientes», la realidad nos muestra, una vez más, que mercado y dictadura coinciden en un mismo modelo de medios de comunicación: en manos de empresarios.

Además los medios privados, aunque pueda parecer paradójico, pueden ser incluso más serviles con el poder político que los públicos. No olvidemos que gran parte de sus ingresos procede de decisiones gubernamentales: publicidad institucional, medidas fiscales beneficiosas, subvenciones, ayudas a I+D, etc. Y sin embargo, no existen los mecanismos de control que se pueden establecer para los públicos: consejo editorial, representantes de la oposición o comisión parlamentaria, consejos ciudadanos... Esta situación origina un doble discurso de los dueños de los medios privados: denuncian intervencionismo cuando las decisiones democráticas no son de su gusto, pero exigen dinero y ayudas públicas cuando tienen problemas económicos. Es lo que hizo el consejero delegado de Prisa, Juan Luis Cebrián. En abril de 2009, con su grupo empresarial endeudado al máximo, criticó lo que calificó de «inacción» del Gobierno para garantizar la supervivencia de la prensa.[12] Fue durante su intervención en la jornada *Los medios en la crisis y la crisis de los medios,* organizada por la consultora Deloitte. Allí afirmó: «La inacción de las autoridades es asombrosa. Están dispuestas a que mueran todos los perió-

---

12. «Cebrián critica la 'inacción' del Gobierno para garantizar la supervivencia de la prensa». *El País*, 28-4-2009, http://www.elpais.com/articulo/sociedad/Cebrian/critica/inaccion/Gobierno/garantizar/supervivencia/prensa/elpepisoc/20090429elpepisoc_13/Tes

dicos». Cebrián criticaba la ausencia de un plan gubernamental para garantizar la supervivencia de la prensa, en realidad de su empresa, que entonces tenía un deuda de más de 5.000 millones de euros. Entre las medidas que exigía estaba la de seguir contando con publicidad institucional, de ahí que criticara «el recorte de la publicidad pública a la mitad» y elogiara la política de Nicolas Sarkozy en Francia, que contemplaba «el aumento de la publicidad institucional o el reparto gratuito de diarios para los menores de 18 años», pagado con dinero público. Lo curioso es que, tras estos comentarios pro intervencionistas, cuatro meses después, el grupo Prisa emitía un comunicado en reacción al decreto ley del Consejo de Ministros español para regular la Televisión Digital Terrestre. En la nota, el grupo editorial denunciaba que esa ley «pone de relieve el intervencionismo del Gobierno en el normal funcionamiento de los mercados». Incluso el diario de su grupo, *El País*, tituló «PRISA denuncia el 'intervencionismo' del ejecutivo en materia audiovisual».[13] ¿En qué quedamos? ¿No pedían pocos meses antes el intervencionismo del Estado para salvar a su empresa de la quiebra?

Por otro lado, un prejuicio benevolente hacia los imperativos y exigencias del mercado nos impide percibir la gravedad de situaciones que nos parecerían graves ataques a la libertad de expresión si procediesen de una decisión gubernamental. El 1 de abril de 2009, un teletipo de *Afp* informaba que el único corresponsal de diarios de Estados Unidos que había en Cuba abandona la isla. Si la razón hubiese sido una expulsión del gobierno cubano, la condena a la libertad de expresión hubiera sido unánime. Pero no fue ese el motivo, el

13. «PRISA denuncia el 'intervencionismo' del ejecutivo en material audiovisual». *El País*, 14-8-2009, http://www.elpais.com/articulo/sociedad/PRISA/denuncia/intervencionismo/Ejecutivo/materia/audiovisual/elpepisoc/20090814elpepisoc_3/Tes

corresponsal pertenecía al diario *Sun-Sentinel,* uno de los principales medios escritos en Miami detrás de *The Miami Herald,* y el periódico cerraba «su oficina en la capital de la Isla por la grave crisis económica que afrontan periódicos estadounidenses y del mundo». Lo curioso es que un resultado igual, cierre de una corresponsalía, si es consecuencia de una decisión gubernamental es atentado a las libertades y si es consecuencia de imperativos del mercado nadie se plantea que ninguna libertad se haya visto afectada.

El académico estadounidense Robert McChesney proponía un ejercicio mental según el cual:

> imaginen que el gobierno promulga un decreto que exige una brutal reducción del espacio acordado para los asuntos internacionales en la prensa, impone el cierre de las oficinas de corresponsales locales o una fuerte reducción de sus efectivos y presupuestos. Imaginen que el presidente ordena a los medios de comunicación que concentren su atención en las celebridades o tonterías más que en los escándalos asociados al poder ejecutivo. En tal hipótesis, los profesores de periodismo habrían iniciado huelgas de hambre, universidades enteras habrían cerrado a causa de las protestas. Sin embargo, cuando son intereses privados casi monopolísticos los que deciden más o menos lo mismo, no se producen reacciones notables.[14]

No vamos a negar que, a pesar de todo, las televisiones públicas no cuentan con los mecanismos de participación democrática que todos desearíamos, y que el poder de los gobiernos en muchas ocasiones es excesivo. Lo que es indiscuti-

---

14. Citado por *Columbia Journalism Review*, Nueva York, enero-febrero de 2008 y por Halimi, Serge. *Le Monde Diplomatique*, octubre 2009.

ble es que los profesionales de las televisiones privadas nunca podrán denunciar y mostrar en pantalla los intentos de presión por parte de sus propietarios. De modo que la verdadera independencia y pluralidad, o viene de los medios de comunicación públicos o no vendrá nunca. Por tanto, la conclusión es que debemos reivindicar el papel del Estado en los medios de comunicación, un papel, eso sí, que se fundamente en la participación social y la pluralidad y no en el uso partidista de un gobierno. Del mismo modo que la Administración pública contrata médicos, catedráticos de universidad, jueces y diplomáticos de carrera sin atender a su ideología ni condicionarles políticamente después, así podría suceder con los profesionales de los medios de comunicación públicos. Todo sin olvidar el derecho de la ciudadanía organizada a crear sus propias vías de comunicación, medios comunitarios que realmente sólo podrán ser valiosos y sólidos si el Estado ayuda con recursos para que salgan de la marginalidad.

Debemos reconocer que, en democracia, ha habido muchos malos precedentes de medios públicos que se han destinado al uso exclusivo del grupo político gobernante, ignorando la voz de colectivos ciudadanos, opositores e intelectuales independientes. Pero eso no debe impedirnos que apostemos por el Estado como única vía de democratización del panorama comunicativo. No vamos a privatizar los juzgados porque consideremos a sus jueces demasiados parciales a favor del gobierno, no podemos pensar que el mercado nos proveerá de la pluralidad que no da el Estado. La estigmatización de lo público en la que tanto ha insistido la ideología neoliberal ha sido eficaz en numerosas ocasiones, y una de ellas ha sido en la percepción de lo público en lo referente a los medios de comunicación. En una campaña electoral, todos los políticos del espectro ideológico pueden coincidir en sus promesas de aumentar el gasto para sanidad y educación, pero también en su silencio —o incluso promesa de disminución— del gasto público para la mejora de los medios de comunicación del Estado o de colectivos sociales. Desde una posición política de derecha es coherente disminuir la presencia del Estado en la comunicación para ceder el predomino a las empresas, pero si desde la izquierda se está denunciando el control de la información por parte de los grandes grupos empresariales, hay que tener la valentía y la coherencia para reivindicar un gasto público destinado a una adecuada calidad informativa tal y como se hace con la sanidad, la educación o la justicia. En países como Francia y España, la izquierda ha expresado su indignación por las iniciativas gubernamentales para eliminar la publicidad en la televisión pública, lo que contradice lo que debería ser un modelo progresista de medios públicos, alejado de las necesidades de ingresos publicitarios para funcionar. ¿Defendería alguno de esos políticos de izquierda que los médicos portaran en sus batas anuncios de productos farmacéuticos o higiénicos para garantizar el funcionamiento de un hospital público?

Nos encontramos ante un nuevo reto, buscar el método para que los ciudadanos recuperen su derecho a la información mediante la exigencia de un Estado al que debemos exigir que cumpla con su obligación de garantizarlo. A ese Estado los ciudadanos debemos darle poder y el Estado a los ciudadanos, control.

VIII. UNA LUZ DE ESPERANZA. EL NUEVO MODELO DE INFORMACIÓN PARA EL ALBA*

Entre todas las consecuencias que han desencadenado los procesos progresistas que se están produciendo en América Latina, es importante analizar la postura adoptada por los grandes grupos de comunicación privados. Hasta que se iniciaron los cambios hacia la izquierda en el panorama latinoamericano, la ciudadanía consideraba, con mayor o menor firmeza, que en aquella región y en el resto del mundo occidental existía una cierta pluralidad en los medios y que estos intentaban adoptar una posición relativamente neutra y objetiva ante las políticas puestas en marcha por los gobiernos. Es verdad que a finales del siglo pasado, en América Latina, había medios más críticos y menos críticos, pero no parecía que hubiese una postura uniforme, ni una campaña coordinada entre todos ellos para atacar o defender a un gobierno determinado. A excepción, claro está, de sus posiciones con respecto a Cuba, que eran de clara confrontación desde todos los medios privados latinoamericanos.

Fue con el golpe de Estado contra Hugo Chávez, en abril de 2002, cuando nos dimos cuenta de que algo estaba cam-

---

*Este artículo es la adaptación del publicado en la revista *Tempo Exterior*. Primer semestre de 2010.

biando. Hasta entonces los medios eran críticos con el gobierno venezolano, pero todavía las políticas de Chávez no habían encendido suficientes alarmas para que las empresas de comunicación iniciaran su campaña de acoso; ni siquiera la izquierda continental, y menos todavía la europea, lo consideraban uno de los suyos. Aunque los medios habían jugado papeles significativos en otros capítulos de desestabilización política en el continente, lo que ocurrió en abril de 2002 no tenía precedentes, porque no se trataba de unos medios que apoyaban un golpe, sino que eran los principales gestores y ejecutores. Y no solamente eso, la sensación de impunidad en que se desenvolvieron para llevarlo a cabo llegó hasta Europa, donde también toda la prensa comercial se sumó con entusiasmo a esa borrachera de golpismo implicándose en su legitimación de una forma tan desvergonzada que leer ahora las crónicas y editoriales de aquellos días escandalizaría a cualquier ciudadano decente, independientemente de su signo ideológico.[1] Finalmente se consiguió revertir el golpe gracias a la valiente y unánime reacción del pueblo venezolano y aquel apoyo mediático quedó indeleble en las hemerotecas para vergüenza de la profesión.

Nuevos líderes progresistas fueron llegando al gobierno con el apoyo de sus ciudadanos en Bolivia, Ecuador, Nicaragua, Brasil, Argentina, Paraguay... y todos descubrieron dos cosas: el tremendo poder y hostilidad de los medios de comunicación privados y la ausencia de medios de comunicación públicos que pudieran compensar con cierto rigor y ecuanimidad el impresionante papel político de oposición que lideraban las empresas privadas de comunicación.

El panorama de los medios públicos en América Latina era desolador, la prensa escrita estaba en manos de familias de la oligarquía o grupos empresariales extranjeros al servicio de

---

1. Ver *Periodismo y crimen*. Luis Alegre (Edición). Hiru, 2002.

multinacionales, en especial españoles; las televisiones públicas o no existían, como en Ecuador, o estaban prácticamente desmanteladas y tecnológicamente atrasadas tras el tsunami privatizador de los noventa. En la misma situación se encontraban las radios. Aunque existía un poderoso movimiento vecinal que intentaba desarrollar medios de comunicación comunitarios, en especial radios, su ámbito de difusión era mínimo y sólo servía para crear conciencia de barrio, pero no para elaborar un proyecto informativo nacional.

La política de agresión de los grandes grupos de comunicación tras las victorias electorales de dirigentes de izquierda fue unánime e inmediata. El periodista Andrés Sal.lari cuenta cómo dos meses después de la llegada a la presidencia de Bolivia Evo Morales, en enero de 2006, los dueños del diario *La Prensa* de La Paz convocaron una reunión con todos sus trabajadores. En ella, la accionista más importante de la empresa informó a los periodistas de que debido al riesgo que corría la democracia en Bolivia ante la aparición de un gobierno totalitario, el medio asumiría una política de oposición al gobierno de Evo Morales. La misma escena se repitió al año siguiente en Ecuador. Pocas semanas después de la victoria de Rafael Correa en las elecciones presidenciales del 15 de enero de 2007, los trabajadores del diario *El Comercio* de Quito fueron convocados por la presidenta y directora general del diario, Guadalupe Mantilla, quien les informó de que los que simpatizasen con el socialismo del siglo XXI podían retirarse del diario, que a partir de ese momento asumiría una postura opositora al gobierno. La denuncia la hizo el militante por los derechos humanos ecuatoriano Alexis Ponce.[2 y 3] En la historia

---

2. Sal.lari, Andrés (2009). «Chávez, Evo y Correa contra los medios de comunicación». Rebelión.org, 12 de mayo, http://www.rebelion.org/noticia. php?id=85192.

3. El audio de estas declaraciones se puede encontrar en http://www. youtube.com/watch?v=d9DtQ75a-HU.

del continente han existido ejemplos de medios de comunicación que en el pasado fueron punta de lanza contra gobiernos de cambio, es el caso del diario *El Mercurio* en Chile y *La Prensa* en Nicaragua. En ambas situaciones lograron desplazar a gobiernos legítimos.

Ignacio Ramonet calificó la situación de los medios en América Latina de «latifundio mediático» que necesita, igual que los latifundios agrarios, una reforma. «Una reforma mediática supone que haya otras fuentes de información; que estas fuentes no estén controladas por el sector privado o empresarial», sino que se desarrolle un sector público que de forma legítima «trate de crear un contrapoder al poder empresarial mediático». Según Ramonet, en la región se está viviendo «una reacción de crispación por parte de los empresarios dueños de los medios, que constituyen un verdadero frente de ofensiva contra todo proyecto reformista».[4] El problema es que, a pesar del peligro para la estabilidad institucional que supone el oligopolio mediático privado, los actuales gobiernos progresistas han tardado en reaccionar, entre otras razones porque no tenían una estrategia clara para enfrentar el problema. Por otro lado, hay que reconocerlo, era lógico consolidar antes otros frentes de desarrollo, como por ejemplo, recuperar los recursos naturales del país en manos de consorcios extranjeros o atender las necesidades impostergables de la población como la sanidad o la educación. Al mismo tiempo, era urgente crear y consolidar lazos de integración que garantizaran políticas regionales coordinadas y apuntalaran los procesos políticos frente a las numerosas amenazas que se cernían sobre ellos. Mientras todas estas cuestiones prioritarias se profundizaban, los gobiernos han

---

4. Declaraciones a Radio Nederland, 2-6-2009, http://www.rnw.nl/es/espa%C3%B1ol/article/el-latifundio-de-la-informaci%C3%B3n-es-una-excelente-met%C3%A1fora

tenido que encajar embestidas mediáticas que se han permitido operar con total impunidad y dominio del espacio radioeléctrico. Si hasta ahora estos gobernantes se veían obligados a expresar meras quejas y lamentos por la injusticia de las agresiones mediáticas sufridas, ha llegado el momento de pasar a la ofensiva e iniciar la construcción de un nuevo modelo de comunicación. Un modelo inédito, sin precedentes en la historia de la humanidad, como es todo el proceso que atraviesa la región.

La revolución informativa ya ha comenzado, veamos en qué situación se encuentra. En primer lugar observaremos el proyecto comunicacional más emblemático de la región, Telesur, y, a continuación, nos acercaremos a los principales países de la denominada Alianza Bolivariana de los Pueblos para Nuestra América (ALBA):

Creación de Telesur

La decisión de crear un canal de televisión multiestatal de contenidos básicamente informativos, sin publicidad y que mantuviese como principio editorial básico primar la voz de los pueblos del Sur frente al dominio de la agenda informativa del Norte, marcó un hito. Nunca se había llegado tan lejos en el diseño de un medio público con vocación popular y con tanto potencial de penetración. Telesur se creó en 2005, han pasado cuatro años y podemos hacer balance de lo que se ha conseguido y de lo que aún está pendiente:

Conseguido

Telesur ha logrado consolidar una red de corresponsalías en la mayoría de los países de América Latina que envían informaciones diariamente. Esto le permite trabajar con el objetivo de tener su propia agenda informativa en estos países sin depender de las agencias de prensa.

Ha demostrado buenas coberturas alternativas en acontecimientos como elecciones en América Latina, la guerra de Colombia o el golpe de Estado en Honduras. Y muy exhaustivas en temáticas muy necesarias y silenciadas en los grandes medios, como los foros sociales.

La expectación creada por su aparición y los intentos de atacar al proyecto le han dado un protagonismo muy provechoso.

Pendiente

No se ha logrado una adecuada distribución de la señal, ni siquiera en los países accionistas. Mientras que en Venezuela se emite en abierto, Cuba lo difunde en diferido y en Argentina, a pesar de que es un estado socio de Telesur, no se ve en abierto, los ciudadanos tienen que suscribirse a una empresa de televisión por satélite. Uno de los problemas en el continente americano es el predominio del sistema de cable, el cual requiere que una empresa operadora acepte incluir a Telesur en su paquete de canales. Aunque la señal se emita de forma gratuita siempre se necesita a la empresa de cable para poder entrar en los hogares de las audiencias, lo que supone una variabilidad importante de un país a otro. En Argentina tampoco es fácil verlo por cable, ya que se trata de un mercado muy controlado por el grupo Clarín. En Estados Unidos apenas es visible porque las empresas piden mucho dinero para incluirlos en los paquetes de cable o satélite. Otra opción que se intentó fue que algunos programas se pudieran ver en televisiones estadounidenses locales, pero para eso exigían que Telesur aportara ingresos por publicidad o cediera espacios para publicidad, algo que, lógicamente, no se aceptó.

Respecto a Europa, por ejemplo en Francia donde la televisión por cable está muy introducida y ligada a internet, existen varias empresas de cable que, previo pago, ofrecen un paquete de canales donde se encuentra Telesur. En cambio para España, las propias cuñas promocionales de Telesur sugieren contratar la televisión por satélite con el grupo Prisa (Digital +) para ver este canal latinoamericano. No deja de ser paradójico que el propio Telesur invite a pagar a uno de los grupos mediáticos más críticos con Venezuela y los países del ALBA para poder verlo en España.

Sus posibilidades en internet no están suficientemente explotadas. Aunque tiene una edición en texto bastante valiosa, la señal de vídeo que permitiría ver la emisión en directo se cae por sobrecarga en los momentos de mayor expectación mediática.

El funcionamiento del canal sigue siendo muy jerárquico, no se han creado vías de participación de los movimientos sociales. El consejo asesor de lujo que se formó con la inclusión de los intelectuales y especialistas de televisión más prestigiosos de América Latina apenas se ha reunido en un par de ocasiones y sin operatividad para tomar ninguna decisión ni asesorar.

Es importante también que repasemos la situación mediática en cada país y los cambios que se han desarrollado destinados a la recuperación del protagonismo ciudadano y la democratización de los medios.

Venezuela

Se trata del país que ha sufrido más agresiones mediáticas, el lugar donde se ha acuñado el término «terrorismo mediático» para definir el *modus operandi* de los medios privados contra la institucionalidad del país. Como señalábamos anteriormente, el golpe del 11 de abril dio la voz de alerta y mostró la necesidad de comenzar a desarrollar un sistema de comunicación participativo y democrático que no estuviese exclusivamente en manos de las grandes empresas privadas.

Se ha desarrollado todo un corpus jurídico destinado a terminar con la impunidad de los medios de comunicación.

Esta legislación hizo innecesaria, según los diputados, la aprobación de Ley de Delitos Mediáticos propuesta a la Asamblea Nacional en verano de 2009 por la Fiscal General de la República, Luisa Ortega Díaz. Entre las legislaciones vigentes se encuentra la Ley de Responsabilidad Social de Radio y Televisión, que favorece la producción nacional e independiente, limita el tiempo de publicidad y prohíbe la incitación al consumo de tabaco, alcohol y drogas; la Ley de Ejercicio del Periodismo, la Ley Orgánica de Protección al Niño, Niña y Adolescentes (Lopna), el Código Orgánico Procesal Penal (COPP) y el Código de Ética del Periodismo. Los legisladores dejaron claro que estas sanciones o leyes no deben estar orientadas a censurar ni a coartar la «libertad de expresión plena» que existe en el país. Por el contrario, se trata de buscar que «cada quien ocupe su lugar» y los medios vuelvan a ser vehículos para informar, orientar y divertir.[5] Sin embargo muchos analistas, entre ellos el Premio Nacional de Literatura Luis Britto, coinciden en que estas legislaciones no se aplican con el suficiente rigor.

Entre la política de desarrollo de medios públicos se encuentra la creación en 2005 de la Agencia Bolivariana de Noticias (ABN) a partir de la existente Venpres. Venezuela comenzó la década del 2000 con una sola televisión pública en condiciones precarias, el entonces Canal 8. Hoy esta cadena, ahora llamada Venezolana de Televisión, se ha modernizado. También se han creado las televisiones: Vive TV, de perfil básicamente documental y participación ciudadana, y ANTV, canal de la Asamblea Nacional, ambos de poco alcance de señal. También es valiosa la experiencia de Avila TV, un canal sólo para la capital del país con un tono desenfadado y juvenil. Por último, la finalización de la concesión a la cadena Radio Cara-

---

5. *Correo del Orinoco*, 16 de agosto de 2009.

cas Televisión (RCTV) permitió poner en marcha Tves, de programación fundamentalmente cultural, sin informativos. Todas las televisiones privadas han seguido emitiendo con normalidad, algunas manteniendo toda su virulencia contra el gobierno, a excepción de la citada RCTV que dejó de emitir en abierto para pasar al cable. En cuanto a la prensa escrita, el diario *Vea*, el más cercano hasta hace poco a los sectores populares no posee la calidad necesaria. El 30 de agosto de 2009 se puso en circulación de forma regular *Correo del Orinoco*, en sintonía con el proceso bolivariano y con una tirada inicial de 50.000 ejemplares. Su calidad parece que es aceptable, pero todavía hay que comprobar cómo funciona su distribución y evolución. Junto a él encontramos *Últimas Noticias*, que mantiene un razonable equilibrio, lo que le ha hecho ganar aceptación y ventas. Los opositores *El Universal* y *El Nacional*, aunque más cuidados en la presentación, se encuentran en franco declive con sus pertinaces campañas contra el gobierno a costa de violentar cualquier principio deontológico periodístico. Respecto a las radios, hay que destacar las cientos de emisoras comunitarias creadas desde que se inició el proceso bolivariano, a las que se suman televisiones comunitarias y publicaciones escritas de diferente periodicidad. A julio de 2009, se encontraban registrados en el ministerio 567 medios comunitarios, de los cuales 245 eran radios y 37 televisiones, junto con185 periódicos y 19 páginas web. La política gubernamental de apoyo a estos proyectos se materializa en la concesión de licencias, recursos técnicos, locales para trabajar y publicidad procedente de diversas instituciones del Estado. La gran mayoría de estos medios funciona con una gran autonomía, son los colectivos vecinales o asociados quienes deciden los contenidos y los elaboran sin mayor control político.

Por su parte, los medios estatales se agrupan en el Sistema Nacional de Medios Públicos de Venezuela, creado a finales de 2008, y pertenecen al Ministerio de Información y Comunicación, cuya importancia es fundamental en el gobierno de Hugo Chávez.

A pesar de este desarrollo, o precisamente por él, es en Venezuela donde el debate sobre el nuevo modelo necesario de comunicación es más acalorado. El director del mensual *Question* y fundador de *Telesur*, Aram Aharonian, denunciaba en agosto de 2009 que mientras se estaba pagando el coste de aprobar una normativa acusada de autoritaria y restrictiva de la libertad de expresión,[6] en realidad no se producía ningún avance significativo desde el punto de vista de los objetivos que deberían orientarla. Así, acusaba a la Ley venezolana de Telecomunicaciones de ser la más neoliberal de América Latina y pedía la revisión de la Ley de Responsabilidad Social de Radio y Televisión y los reglamentos que impiden la difusión libre y en igualdad de condiciones de las radios y televisoras comunitarias.[7] Es evidente que Venezuela es la experiencia piloto de la que los demás países tienen que aprender, fue el primero que aplicó la necesaria medida de reforzar un sistema de medios públicos y ahora es pionero en enfrentarse a la necesidad de dotarlos de un contenido propio y una orientación diferente a la que domina hasta ahora.

Cuba

Es obvio que el sistema cubano es absolutamente diferente de todo lo anterior. Su modelo socialista conlleva la propiedad pública de los medios de comunicación, sin embargo, también le afectan los cambios en el panorama político y mediático

---

6. Se refiere al debate generado por la aprobación de la Ley de Responsabilidad Social de Radio y Televisión, que la oposición y los medios privados denominaron Ley Mordaza.

7. Aharonian, Aram (2009), «Democratizar las comunicaciones sí, pero... ¿sabemos cómo y para qué?», Agencia Latinoamericana de Información, 25 de agosto, http://alainet.org/active/32620.

en la región. Un momento clave será cuando disponga del cable submarino para conexión a internet que se está preparando desde Venezuela. Hasta ahora el acceso a la red desde la isla debe hacerse bajo el control de Estados Unidos, con un ancho de banda mínimo y por vía satélite de alto coste económico.[8] Esto impide el uso doméstico de internet, hecho que se presenta habitualmente como una censura del gobierno, cuando en realidad es un impedimento tecnológico por culpa del bloqueo estadounidense. A pesar de todo, internet está generalizada en las instituciones públicas y comunitarias, profesionales y, sobre todo, en universidades y centros educativos.

Los principales periódicos diarios de distribución nacional, *Granma* y *Juventud Rebelde*, han aumentado su número de páginas e incorporado secciones de participación ciudadana con contenidos muy críticos. Es el caso de la sección «Acuse de recibo» en *Juventud Rebelde*. Su responsable fue Premio Nacional de Periodismo 2007 por ese trabajo. Por su parte, *Granma*, el 14 de marzo de 2008, coincidiendo con el día de la prensa en Cuba y sólo dos semanas después de que Raúl Castro asumiera formalmente la Presidencia de la isla, inauguraba su sección «Cartas a la dirección», destinada a las quejas ciudadanas, que ocupa dos páginas íntegras. Allí se recibieron el primer año 3.072 cartas por vía postal y 3.292 mensajes electrónicos. Se trataban asuntos espinosos relacionados con cuestiones económicas delicadas como el control interno, los bajos salarios, la contabilidad, el derroche de recursos, la indisciplina laboral y social, el robo, la contaminación ambiental o críticas al igualitarismo. También se abordaron la burocracia y el «reunionismo», en alusión a las frecuentes reuniones que celebra la sociedad cubana en sus ámbitos vecinales, labo-

---

8. Elizalde, Rosa Miriam (2009). «Cuba e internet. Menos cinismo por favor». Rebelión.org, 17 de septiembre, http://www.rebelion.org/noticia. php?id=91639

rales o políticos. El diario destacaba en su balance anual de la sección que «aspectos de la ética y la moral socialista» también fueron «tratados y reiterados» por los lectores.[9] Algunos sectores siguen considerando muy escaso este espacio para la crítica, en la medida en que difícilmente sobrepasan el nivel de lo doméstico y no llegan a señalar a los altos responsables.

En televisión también se han producido avances. No sólo la principal cadena, Cubavisión, ha aumentado su horario de emisión a las 24 horas, además, en verano de 2008 se creó un nuevo canal de películas, documentales y musicales, también de 24 horas, Multivisión. A todo ello hay que añadir la puesta en funcionamiento de canales locales en todas las provincias y algunas ciudades, cuyos contenidos, por tanto, no están centralizados en La Habana. Todos poseen sus propios equipos, estudios y personal que ofrecen programación informativa, cultural e infantil propia. La participación de las audiencias es una de las novedades de la televisión cubana menos conocida fuera del país. Desde el estudio se recogen las llamadas de la población con sus comentarios y quejas, es el caso del programa «Libre acceso». En cuanto a Telesur, se emite un resumen en diferido bajo el título «Lo mejor de Telesur», que ha suscitado reproches de los sectores críticos porque consideran que es una desconfianza de las autoridades hacia la programación elaborada fuera de Cuba. En realidad ese «resumen» incluye todas las informaciones del noticiero, aunque, eso sí, es, incomprensiblemente, en diferido. Sin embargo, uno de los programas estrella de Telesur, «Mesa Redonda», se emite desde La Habana.

En publicaciones culturales también existe un importante desarrollo. A la histórica revista *Bohemia*, fundada en 1908, se sumaron publicaciones como *La Jiribilla*, de gran impacto en internet, creada hace unos años. Entre las más recientes y

9. *Granma*, 13-3-2009.

vanguardistas tenemos *La calle de enmedio*. Algunas llevan bastantes años con un perfil crítico, como *Temas*, editada por el ICAIC (Instituto Cubano de Arte e Industria Cinematográfica) o *La Gaceta de Cuba*, editada por la UNEAC (Unión Nacional de Escritores y Artistas Cubanos). Hay que destacar también el suplemento cultural de *Juventud Rebelde* y la revista literaria *Siempreviva*. Se trata de publicaciones con un tono más abierto y realista pero con la limitación de que su difusión se suele circunscribir a sectores intelectuales más que a la mayoría de la población. El nivel de autonomía de todas estas publicaciones con respecto a las autoridades gubernamentales no es menor que el que tienen los responsables de una revista en los países de economía de mercado respecto a sus accionistas. La política del gobierno es que todas las publicaciones, desde las nacionales a las regionales, estén disponibles en internet.

También, desde el Centro de Información para la Prensa, se ha creado el denominado «Blogs de Periodistas Cubanos» (BPC),[10] donde se encuentran decenas de profesionales escribiendo todos los días. A él se añade una red social de periodistas latinoamericanos, «Blogueros y corresponsales de la revolución»,[11] al que se han afiliado cubanos y personas de otras nacionalidades que defienden las conquistas de la revolución con sentido crítico y constructivo.

Sin duda, como ya señalábamos, el reto de Cuba es cómo afrontará el fin de las limitaciones técnicas de internet cuando comience a funcionar el cable submarino desde Venezuela que permitirá el acceso a la red de forma masiva y que se probará próximamente.

---

10. «Periodistas cubanos ponen en marcha una plataforma de blogs como 'alternativa a la información tergiversada y errónea sobre Cuba'». Rebelion.org, 22-5-2009, http://www.rebelion.org/noticia.php?id=85753.

11. http://bloguerosrevolucion.ning.com/.

Ecuador

Desde que llegó a la presidencia, Rafael Correa se ha visto acosado por los grandes grupos de comunicación de su país, en especial Teleamazonas y el diario *El Universo*. Eso lo llevó a anunciar la propuesta de crear en la Unión de Naciones Sudamericanas (Unasur), un organismo a modo de Observatorio Ciudadano Sudamericano de Medios que denunciara los desmanes de los medios en sus intentos para desestabilizar los gobiernos progresistas de la región. Tras su última victoria electoral, con casi el 52% de los votos, en su primer saludo a sus seguidores resaltó que en la nueva etapa luchará contra el poder corrupto de la prensa, a la que también calificó de mafiosa.

Ecuador nunca tuvo una televisión pública, ha sido con el gobierno de Rafael Correa cuando se creó Ecuador TV, cuyas emisiones comenzaron en noviembre de 2007 gracias al apoyo financiero del Banco de Desarrollo Económico y Social de Venezuela y técnico de Venezolana de Televisión y Telesur. Igualmente, el Estado ecuatoriano ha construido algunos medios de comunicación estatales: El diario *El Telégrafo*, que quedó en manos del Estado tras la quiebra de dicha entidad, Radio Nacional del Ecuador y ahora el quincenal *El Ciudadano*, más oficial.

La administración ecuatoriana también adquirió, de forma casual, las cadenas Gama TV, TC Televisión y CN3 (cable), después de que en julio de 2008 la Agencia de Garantía de Depósitos (AGD) ordenase la incautación de todas las empresas del grupo económico al que pertenecían por el impago de una deuda generada con el Estado a través de Filanbanco diez años antes.[12] Por el momento siguen transmitiendo con el mismo personal pero con administración estatal hasta que se resuelva su situación jurídica.

---

12. Machado, Decio. «Ecuador: Comienza a hacerse justicia diez años después». http://jbcs.blogspot.com/2008/07/decio-machado-desde-quito-ecuador-el.html.

El 8 de septiembre de 2009, la secretaría de Comunicación del gobierno ecuatoriano anunció la creación de la Agencia de Noticias de Ecuador y Suramérica (ANDES), que comenzaría a funcionar tres meses después. El gobierno también ha organizado toda la información de la administración a través del Sistema Nacional de Información, con el que se intenta dotar al estado de la máxima transparencia de su gestión.

A partir del otoño de 2009 el debate sobre los medios de comunicación adquirió un gran protagonismo en el país al comenzar a debatirse en la correspondiente comisión parlamentaria un proyecto de Ley sobre Comunicación. Sobre la mesa había nada menos que cuatro propuestas, procedentes cada una de ellas de diferentes opciones políticas o grupos de especialistas.

Bolivia

En Bolivia se ha reforzado la agencia estatal ABI, ya creada antes de la llegada de Evo Morales y el MAS al gobierno, sin que su influencia le permita todavía competir con los medios privados.

Igual que en Argentina, en Bolivia existía una televisión pública prácticamente desmantelada por los gobiernos neoliberales anteriores, Canal 7. Aunque el gobierno de Evo Morales le presta más atención dotándola de equipos y personal, su capacidad tecnológica sigue siendo muy inferior a las privadas, todas ellas propiedad de magnates y fuertes grupos empresariales opositores al gobierno. El 1 de mayo de 2008 arrancó sus emisiones el Sistema Nacional de Radios de los Pueblos Indígenas, creado por el gobierno. A ese entramado se unió la red pública Radio Patria Nueva, en plena expansión. El objetivo de esta red es dar la voz a las comunidades campesinas e indígenas del país y llegar a todos los rincones de la nación, algo que todavía no se ha logrado. Agrupa a una treintena de radios comunitarias y está administrado por un Consejo Directivo conformado por cinco dirigentes y representantes comunitarios y originarios.[13]

También se ha creado un periódico auspiciado por el gobierno, *Cambio*, que tiene gran aceptación debido a que el panorama, en la práctica, era una oposición unánime, con toda la prensa escrita en manos de ricas familias de la oligarquía local.[14]

Nicaragua

En este país centroamericano, el 99% de los medios son privados con licencias que se otorgaron durante los gobiernos anteriores. La ley impidió entonces que se pudieran privatizar el canal público de televisión, Canal 6, y el de radio, Radio Nicaragua. Pero el primero se desconectó, no funcionó durante los gobiernos neoliberales anteriores al actual de Daniel Ortega. Ha sido ahora cuando lo han activado pero sin contenidos por falta de presupuesto, apenas programas infantiles. El único medio público que parece que va mejorando en recursos es Radio Nicaragua, sin que haya alcanzado los niveles que tuvo durante la revolución sandinista.

Entre los medios privados, existen algunos no hostiles al gobierno. Es el caso de Radio Ya, la más oída en todo el país, propiedad del Frente Sandinista, la radio La Primerísima, el Canal 4 de televisión y algunas radios regionales que emiten en FM (radio Liberación, radio Mujer). Sin embargo, el 80% de los medios se podría decir que son opositores al sandinismo gobernante.

---

13. Bajo, Ricaro y Serrano, Pascual (2008), «Bolivia: ¿Quién controla los medios de comunicación?», *Le Monde Diplomatique*. Diciembre. Disponible en http://www.pascualserrano.net/noticias/bolivia-bfquien-controla-los-medios-de-comunicacion/?searchterm=Ricardo%20Bajo

14. Ibíd.

Honduras

Honduras sólo dispone de un precario canal público de televisión, Canal 8, que los golpistas cerraron a golpe de fusil en junio de 2009.[15] La ausencia de una estructura de medios públicos originó que toda la información que recibieron los hondureños procediera de las oligarquías que controlan la prensa del país y, por tanto, a favor del golpe. Algún medio comunitario o independiente que pudiese existir fue cerrado, como Radio Globo. En agosto, el gobierno golpista anunció que entregará la frecuencia del todavía estatal Canal 8 al empresario Elías Asfura,[16] lo que confirma que uno de los principios de los gobiernos de derechas es eliminar cualquier vestigio de medios de comunicación públicos.

El caso de Argentina

Aunque no pertenezca al ALBA, el caso de Argentina merece una atención especial. La llegada al poder de Néstor Kirchner supuso, aunque con mucha lentitud, una reactivación del estatal Canal 7, prácticamente desmantelado por las privatizaciones de los años anteriores, y la creación del canal público Encuentro, de línea cultural, dirigido por el cineasta Tristan Bauer. También se ha desarrollado y mejorado Radio Nacional Argentina, y en 2001 se creó el denominado Sistema Nacional de Medios desde el que se pretende coordinar todo lo estatal. En cambio las concesiones de licencias, bajo la denominada Ley de Radiodifusión, mantuvieron el reparto del espacio radioeléctrico que se hizo en su día bajo las dictaduras (1976-1983). Tras un largo historial de reivindicaciones po-

---

15. ABN, 28-6-2009, http://www.abn.info.ve/noticia.php?articulo=188231&lee=16.

16. *La Prensa*, 4-8-2009, http://www.laprensahn.com/Internacionales/Ediciones/2009/08/05/Noticias/Gobierno-entregara-Canal-8-a-Elias-Asfura.

pulares, en agosto de 2009 la presidenta Cristina Fernández anunciaba el envío al Congreso de un proyecto de ley de radiotelevisión que creó gran expectación en el país. El proyecto establecía un reparto del espacio de radio y televisión en tres tercios: uno comercial —hoy dominante—, otro de la sociedad civil, y el último para el Estado. También planteaba la revisión de licencias cada dos años y limitaciones al capital extranjero. Igualmente se incorporan cambios para ampliar y garantizar los derechos de los pueblos originarios —insuficientes, según algunos líderes sociales como el Premio Nobel Adolfo Pérez Esquivel—, dar un alcance más federal a la Defensoría del Público y declarar el espectro radioeléctrico como un bien público. El texto original se presentó en la Ciudad de la Plata en marzo de 2009 con el aval y apoyo de la Unión de Trabajadores de Prensa de Buenos Aires, y tuvo alrededor de cincuenta modificaciones a instancias de las observaciones y señalamientos realizados por distintas organizaciones sociales, sindicales, políticas, de derechos humanos, cooperativas, medios comunitarios y universitarios, entre otros, en el marco de los 24 foros celebrados para este debate y auspiciados por 11 gobernaciones y 25 universidades nacionales.[17] Como no podía ser de otra forma, las asociaciones y sindicatos de periodistas, junto a otros sectores de la sociedad civil, se pronunciaron a favor de la iniciativa, que en cambio fue cuestionada por algunos partidos de la oposición, propietarios de los medios periodísticos, y la patronal Sociedad Interamericana de Prensa (SIP). Finalmente se aprobó con algunos cambios en septiembre.

17. Observatorio de Medios de la UTPBA. «Ley de servicios audiovisuales. La propuesta llegó al Parlamento». http://www.rebelion.org/noticia.php?id =90647

Perspectivas

Este repaso nos lleva a observar que el debate sobre cómo y hacia dónde debe avanzar un nuevo modelo de comunicación está más vivo que nunca. Algunos elementos ya están totalmente definidos, por ejemplo, la potestad pública para el reparto de las licencias de emisión de televisión y radio. Ya nadie discute que el espacio radioeléctrico es público y que bajo el formato de una concesión temporal es la forma como los sectores privados pueden disfrutar de una parte para su explotación. Sin embargo, sigue sin concretarse con claridad qué porcentaje de esas licencias se reservan para los sectores comunitarios. Se trata de una discusión que desborda incluso a los países del ALBA y que existe también en otros como Uruguay o Brasil. No debemos olvidar que los cambios también afectan a todo el continente, por ejemplo, en Paraguay se han creado un nuevo canal público educativo y una agencia de noticias estatal. Por su parte, en El Salvador, el presidente Mauricio Funes anunció en agosto de 2009 la puesta en marcha de una agencia estatal de noticias que se integrará, junto al Canal 10 y Radio Nacional, en un sistema nacional de medios de comunicación de nueva creación. Y la importancia de Brasil es clave para la región, en este país se creó en 2005 el canal público TV Brasil-Canal Integración que incorpora a Radiobrás, TV Senado, TV Cámara y TV Judiciário, y busca una proyección fuera de Brasil que llega, desde 2006, a una veintena de países bien por cable o por satélite.

En cualquier caso, la situación es apasionante porque nos enfrentamos a numerosos retos:

1. El papel del Estado es fundamental para democratizar la comunicación, pero los líderes políticos deben demostrar que son capaces de desarrollar un modelo que no será una mera correa de transmisión del gobierno o del partido gobernante. Se corre el peligro de evolu-

cionar hacia un panorama dividido entre medios privados que combaten con impunidad mediante la mentira y la manipulación a gobiernos progresistas, y medios públicos dedicados sólo al «seguidismo» gubernamental. En medio estaría un ciudadano desinformado sin posibilidad de acceder a una información rigurosa y unos análisis independientes.

2. Se debe terminar con la impunidad de los medios privados para engañar y para mentir, pero sin coartar la libertad de expresión.

3. Es importante tomar medidas ante el parasitismo de muchos medios privados que, mientras defienden la economía de mercado y se presentan como independientes, reciben importantes ingresos de publicidad estatal y exenciones fiscales.

4. Deben explicar y convencer de que lo que los medios privados presentan como libertad de expresión y libertad de prensa sólo es su privilegio para seguir dominando el panorama informativo copando el espacio radioeléctrico para intervenir políticamente bajo el paraguas de la información.

5. Es necesario promover unas políticas de información adecuadas desde las diferentes instituciones gubernamentales para que la transparencia informativa permita enfrentar sin complejos todas las campañas nacionales e internacionales de desinformación.

6. Se requiere la formación de profesionales de la comunicación que operen sin los vicios de los periodistas actuales, dominados por la inercia de las ideologías ocultas de las agencias de información; y con la trivialidad y la frivolidad como inspiradores de los contenidos. Se debe lograr una nueva generación de periodistas con las claves técnicas comunicativas que

hoy son propiedad casi exclusiva de los emporios de comunicación privados.

7. Deben educar a la ciudadanía como consumidores críticos de medios de comunicación y, al mismo tiempo, como sujetos activos en su ámbito ciudadano para difundir y protagonizar la agenda informativa de su comunidad.

8. Es fundamental evitar las tentaciones desde todos los niveles del poder político para utilizar en provecho propio los contenidos en lugar de supeditarlos a la veracidad y el derecho de la ciudadanía a estar informada.

9. Los medios de los países del ALBA deben recordar que cada día el mundo es más pequeño, el reto no sólo es llevar la verdad a sus ciudadanos, sino también a la comunidad internacional. El dominio global de los grandes grupos de comunicación es impresionante, y es importante que el mensaje del Sur llegue también a los ciudadanos del Norte, donde no se producen los avances en la democratización de los medios.

10. Se debe definir el modelo de contenidos. Según Aram Aharonian, «de nada sirve tener medios nuevos, televisoras nuevas, si no tenemos nuevos contenidos, si seguimos copiando las formas hegemónicas. De nada sirven nuevos medios si no creemos en la necesidad de vernos con nuestros propios ojos. Porque lanzar medios nuevos para repetir el mensaje del enemigo es ser cómplice del enemigo».[18] Esto supone abrir una discusión sobre qué formatos, técnicas y estilos deben adoptarse. Si se apuesta por un cambio revolu-

---

18. Aharonian, Aram (2009), «Democratizar las comunicaciones sí, pero... ¿sabemos cómo y para qué?» Agencia Latinoamericana de Información, 25 de agosto, http://alainet.org/active/32620.

cionario en las formas, que tenga por objetivo subvertir el estilo mercantilista dominante pero que pueda provocar el rechazo y la incomprensión del ciudadano. O si, por el contrario, no se renuncia a ciertos estilos técnicos del modelo dominante pero se adapta a otros principios y valores.

11. También hay que concretar qué nivel de participación ciudadana se reserva a las nuevas propuestas y cómo se combina el dilema entre la mayor democratización y participación ciudadana y una necesaria profesionalización de los contenidos. Ni el medio debe ser una mera plaza pública donde cualquiera vaya a gritar, ni se debe repetir el modelo actual de medios sordos para ciudadanos mudos.

12. Por último, hay que planificar el sistema de control social adecuado para cada sociedad. Los medios de comunicación, igual que las instituciones, no pueden dejarse sin control en manos de los «elegidos» con la ingenua esperanza de que harán lo más acertado.

También sería un error pensar que el desarrollo y modelo pueden ser iguales para todos los países por muchas intenciones integradoras que se tengan. Elementos como el componente indígena, el desigual nivel cultural y de cualificación técnica de unos países respecto a otros, o el diferente estado de desarrollo de los movimientos sociales son elementos que dotan de un perfil distinto a cada país y que deben reflejarse en el desarrollo de su modelo informativo. Lo que es indiscutible es que hoy, en América Latina y especialmente en los países del ALBA, se está construyendo el futuro de otro sistema de medios de comunicación posible. Allí está el futuro que está convirtiéndonos a los europeos en meros restos del pasado.